Lac Taureau, Lanaudière © NRL

Ce guide est une invitation à vous échapper de votre quotidien pour découvrir les charmes du Québec. Que ce soit pour une ou plusieurs journées, en famille, entre amis ou en couple, nous souhaitons que vous trouviez dans nos pages de quoi vous inspirer.

Chacune de ces 52 escapades se veut originale, pratique et proche des grands centres (à l'exception d'un tour de la Gaspésie ludique et original, que nous ne pouvions passer sous silence). Autour d'un thème, nous suggérons des endroits à visiter ainsi que des lieux d'hébergement et de restauration.

Si vous cherchez un endroit pour vous détendre après une semaine occupée, consultez nos escapades qui proposent une bonne table, un spa ou une variété d'activités reposantes.

Si vous êtes plutôt du style gourmand, explorez les routes des saveurs et des produits du terroir. Nous sommes partis à la découverte de fermes et de producteurs accueillants qui œuvrent à satisfaire vos papilles. Nous partageons les trouvailles que nous avons faites dans de nombreuses régions du Québec.

Si vous désirez passer quelques jours à vous défouler en pleine nature, le choix est vaste. Que ce soit pour partir l'été ou l'hiver, vous trouverez de quoi vous éclater au grand air, en parcourant un des grands parcs décrits dans ce guide.

Si enfin vous êtes attirés par l'animation des grandes villes, ne manquez pas nos suggestions à Montréal et Québec. Sur des thèmes aussi variés que la consommation sociale et les festivals, nous avons choisi des hôtels, restaurants et activités qui ne manqueront pas de vous charmer tout en ouvrant vos horizons.

Il ne nous reste plus qu'à vous souhaiter de vivre de belles aventures en découvrant ce que le Québec offre de mieux en matière de courts séjours, en espérant que vous prendrez autant de plaisir à les vivre que nous en avons eu à les composer pour vous !

L'équipe du Petit Futé

Arrière : Jonathan Chodjaï, Audrey Lorans
Avant : Noémie Roy Lavoie, Valérie Fortier, Perrine Faillot et Katy Boudreau

Infos sur l'éditeur

Édité par : Les Éditions Néopol Inc, 43 av. Joyce, Montréal (Qc) H2V 1S7
tél : 514-279-3015 | fax : 514-279-1143 | courriel : redaction@petitfute.ca | www.petitfute.ca
Administrateurs : Jonathan Chodjaï, Audrey Lorans.
Directeurs de collection : Jonathan Chodjaï, Michaël Galvez.
Directrice des publications : Audrey Lorans.
Directeur de la rédaction : Jonathan Chodjaï.
Directrice du studio : Noémie Roy Lavoie.
Auteure : Valérie Fortier, Katy Boudreau.
Conseillère en publicité : Perrine Faillot.
Impression : LithoChic
Distribution : Socadis-Flammarion.
ISBN : 978-2-922450-79-8
Dépôt légal – Bibliothèque nationale du Québec, 2009.
Dépôt légal – Bibliothèque nationale du Canada, 2009.

AVERTISSEMENT

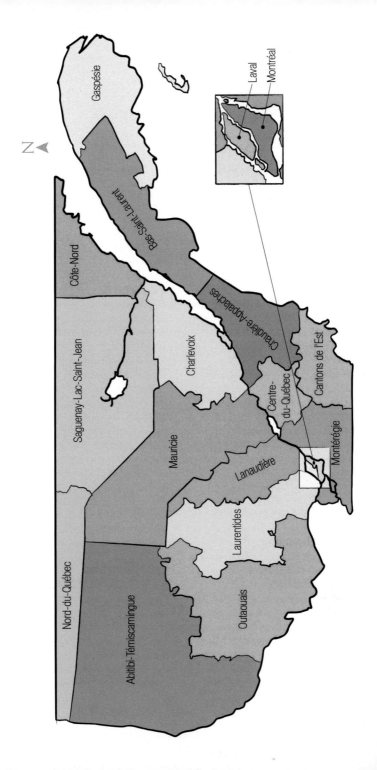

Séjour au bord de l'eau dans le Bas-Saint-Laurent

La route 132, qui longe le fleuve Saint-Laurent est d'une sérénité et d'un charme inoubliables. Voici une sélection de sites, au bord de l'eau ou au cœur du fleuve, pour vous imprégner de la beauté des flots.

KAMOURASKA

SOCIÉTÉ D'ÉCOLOGIE DE LA BATTURE DU KAMOURASKA (SEBKA)

273, Route 132 Ouest | 418-493-9994
www.sebka.ca

Ouvert de mai à octobre. Tarification pour les activités. La SEBKA est un parc avec accès au fleuve et aux marais salés communément appelés « battures ». Plusieurs activités s'offrent à vous : kayak de mer, escalade, randonnée pédestre, visite guidée et interprétation. Hébergement possible sur le site (camping avec vue sur le fleuve et cabines).

RIVIÈRE-DU-LOUP

CROISIÈRES AML

Embarquement à la marina de Rivière-du-Loup
418-867-3361 / 1 866-856-6668
www.croisieresaml.com

De juin à octobre, embarquement à 9h et 13h. Durée : 3h30. Plusieurs tarifs disponibles. La croisière guidée « Des baleines et des îles » vous fera parcourir le fleuve Saint-Laurent sur 25 km. Vous partirez à la rencontre de mammifères et oiseaux marins, entre les phares et les îles, pour une excursion nature des plus mémorables.

L'ÎLE VERTE

www.ileverte.net

Contrairement aux autres îles du Bas-du-Fleuve, elle est habitée à l'année. Jacques Cartier, qui y débarqua lors de son deuxième voyage en 1553 afin de s'approvisionner, a nommé Isle verte ce site effectivement bucolique. L'île est accessible à pied ou en bateau taxi (depuis la municipalité de L'Isle Verte, située sur les terres), en fonction des marées. Asseyez-vous à la table de La Maison d'Agathe pour savourer les produits du terroir, dont l'agneau biologique, sa spécialité (68-B, chemin de l'Île, 418-898-2923). Les amateurs d'observation des oiseaux, de randonnée ou de cyclisme seront ravis par la beauté des paysages de cette île.

EXCURSIONS À L'ÎLE AUX BASQUES

Marina de Trois-Pistoles | 418-851-1202

De juin à fin septembre. Durée de la visite : 3h. Les frais sont payables à M. Jean-Pierre Rioux, gardien de l'Île aux Basques. Location de chalets sur l'île disponible pour les membres de la société et leurs invités. Au XVe siècle, les Basques, grands chasseurs de baleines devant l'Éternel, ont bâti ici de grands fourneaux pour

© Nicolas Garbay

extraire l'huile des cétacés. Visite des vestiges restaurés en fonction des marées. C'est également un lieu de refuge pour les oiseaux migrateurs. Les visites guidées et les randonnées pédestres d'observation de la faune sont organisées par la Société Provancher d'histoire naturelle du Canada.

RIMOUSKI

EXCURSION À L'ÎLE SAINT-BARNABÉ
Marina de Rimouski, Route 132
418-723-2280 (en saison)
418-723-2322 / 1 800-746-6875

En opération de la fin juin à la Fête du Travail. Départs aux 30 minutes de 9h à 14h30 et retour aux 30 minutes jusqu'à 18h15. Adulte : 15,50 $, 6-17 ans : 10 $, moins de 5 ans : gratuit. L'excursion à l'île Saint-Barnabé vous permettra d'apercevoir Rimouski sous un autre angle. Rencontre avec les hérons et les phoques, peut-être même les orignaux. Randonnée pédestre (20 km), aires de pique-nique.

INSTITUT MARITIME DU QUÉBEC
53, Saint-Germain Ouest | 418-724-2822
www.imq.qc.ca

Ouvert de fin juin à la mi-août, tous les jours de 10h à 17h. Adulte : 5 $, 6-11 ans : 3 $. C'est le plus grand centre de formation maritime au Canada. Le visiteur est familiarisé avec le milieu maritime en passant par le laboratoire, les ateliers et les expositions. On découvrira le passé du transport maritime sur le Saint-Laurent. Le clou du spectacle : vous entrerez dans les simulateurs de navigation électronique.

SITE HISTORIQUE MARITIME DE LA POINTE-AU-PÈRE
1034, rue du Phare | & 418 724 6214
www.shmp.qc.ca

Mi-juin à fin août : lundi-dimanche, 9h-18h. Septembre à mi-octobre, lundi-dimanche, 9h-17h. Tarifs pour le musée et/ou le phare et/ou le sous-marin. Forfaits disponibles pour 1, 2 ou 3 attraits. C'est le deuxième plus haut phare du Canada et un lieu historique. À côté, le site historique maritime propose une exposition permanente sur l'histoire locale et l'environnement maritime régional. On y raconte en détail le naufrage du bateau Empress of Ireland, qui s'est échoué près des côtes en 1914 et où plus de 1 000 voyageurs ont trouvé la mort. Ce fut l'une des plus grandes tragédies maritimes en temps de paix. Une des expositions permet de visionner de magnifiques et terribles images prises à l'intérieur de l'épave. Grande nouveauté de 2009 : le sous-marin Onondaga, ancien propriété de la Marine canadienne, est accosté pour y rester ! Venez découvrir le quotidien d'une soixantaine d'hommes qui vivaient confinés pendant des mois dans ce sous-marin. Visite audio-guidée, possibilité d'une expérience nocturne sur place. Sans nul doute l'une des attractions majeures de la région !

Saveurs et gourmandises à Kamouraska

C'est l'un des plus anciens villages de la côte sud et par conséquent, un des plus pittoresques. Le berceau d'un peuple, comme on se plaît à le dire. Ici commence la mer. L'eau douce est maintenant salée. Les prochaines suggestions gourmandes vous feront parcourir les charmants villages de Kamouraska, Saint-Germain et Saint-André. Une escapade riche en saveur locale où le respect de la terre et de l'environnement prime.

Kamouraska © Pénélope Cormier

le jardin. Côté gourmand, c'est une véritable table régionale car tout ce qui est inscrit sur la carte provient de la région et parfois même, du jardin situé à l'arrière de l'auberge, comme pour les fruits et légumes. Le gibier, le saumon et l'agneau de la région de Kamouraska se marient aux petites merveilles du terroir du Bas-du-Fleuve et deviennent des mets aussi poétiques que délicieux.

HÉBERGEMENT

AUBERGE RESTAURANT LA SOLAILLERIE

112, Principale, Saint-André-de-Kamouraska
418-493-2914 | www.aubergelasolaillerie.com
Occupation simple : 80-110, double : 100-140. 10 chambres. Petit déjeuner inclus. Forfaits disponibles. Pour le repas du soir, comptez de 40$ à 50$ par personne. Réservation requise midi et soir. Ses magnifiques chambres offrent une vue soit sur le fleuve soit sur

PRODUITS DU TERROIR

BOULANGERIE NIEMAND

82, Morel, Kamouraska | 418-492-1236
De début mai au 23 juin et de la Fête du Travail à fin octobre : jeu-dim, 8h-18h. Du 24 juin à la Fête du Travail : lun-dim, 8h-18h. Cette délicieuse boulangerie est spécialisée dans les pains au levain, les biscuits et les

Saint-André-de-Kamouraska © Pénélope Cormier

viennoiseries, composés de grains de culture bio et de farine intégrale moulue sur place. Question de vous gâter, une sélection de confitures, de céréales müesli, de barres énergétiques, de vinaigres aromatisés et bien d'autres produits faits sur place, n'attendent que vous.

L'AMUSE-BOUCHE
6, Chassé, Kamouraska | 418-492-1892
De la Fête des Mère à la Fête du Travail : lun-dim, 11h-22h. De la Fête du Travail à l'Action de Grâces : sam-dim, 11h-22h. La cuisine ferme toujours vers 21h30. Table d'hôte : 16-30. Sur le bord du fleuve, ce restaurant dispose d'une vue merveilleuse. Un conseil : en été, allez-y vers 19h30, afin de dîner devant le soleil couchant. Le restaurant du Magasin Général propose une formule originale : diverses tapas aux saveurs locales. La carte comprend trois chapitres pour un total de 45 plats possibles : produits du jardin, de la mer et du pré. Les desserts sont délicieux.

MAGASIN GÉNÉRAL DE KAMOURASKA
98, Morel, Kamouraska | 418-492-2882
De Pâques au 1ᵉʳ juin : sam-dim, 9h-18h. De début

juin à fin octobre : lun-dim, 9h-19h. Situé au cœur du village, le Magasin Général fera le plaisir des gourmands : dans une immense maison, rénovée dans le but de recréer l'ambiance des années trente, vous pourrez vous procurer tous les meilleurs produits de la région : conserves, tartinades, marmelades, produits fumés, charcuteries, etc. Le restaurant L'Amuse-Bouche, à deux pas de là sur le bord de l'eau, sert ces délicieux produits.

MICROBRASSERIE BREUGHEL
68, Route 132, Saint-Germain-de-Kamouraska
418-492-3693 | www.breughel.com
Juin à septembre : lun-dim, 10h-19h. Mai, septembre et octobre : mer-lun, 13h-17h. En dehors de cette période, prenez rendez-vous pour une visite des installations et l'accès au salon de dégustation. Le salon de dégustation offre toute sa gamme de produits embouteillés en plus de quelques bijoux seulement disponibles sur place. Pour ceux qui hésitent ou ceux qui veulent goûter à tout, essayez la « Palette du Peintre Breughel ». Magnifique terrasse en bois et salle à manger rustique, avec vue sur le fleuve.

Plaisirs d'hiver au Bic

Que ce soit un chalet authentique en bordure du fleuve, la table renommée d'une petite auberge chaleureuse, ou un parc bucolique, ces lieux autour du Bic ont tous un charme… féérique. Et la saison hivernale n'enlève en rien la magie des lieux. Bien au contraire ! Elle saupoudre ses flocons sur un paysage de rêve qui se découvre autrement, sans le brouhaha des vacanciers d'été.

Parc national du Bic © Sépaq – Jean-Sébastien Perron

HÉBERGEMENT

REFUGE DU VIEUX LOUP DE MER

3250, route 132 Ouest | 418-750-5915
www.vieuxloupdemer.com

6 chalets accueillant de 2 à 6 personnes. Tarifs pour 2 nuits : 320-625. Location hebdomadaire durant la saison estivale. Ces merveilleux chalets en bordure du fleuve sont un choix tout indiqué pour des vacances inoubliables dans la région du Bic. Tout est là, même la literie, les serviettes de bain, le téléphone et télévision, sans oublier la vue panoramique sur le Saint-Laurent. Vous vous croirez à la maison ! À proximité d'une foule d'activités et de site de plein air, c'est la destination pour les amoureux de la nature.

RESTAURANT

AUBERGE DU MANGE-GRENOUILLE

148, Sainte-Cécile | 418-736-5656
www.aubergedumangegrenouille.qc.ca

Ouvert du 1er mai à la fin octobre. Occupation double : 79-189. 22 chambres. Petit déjeuner inclus. Menu table d'hôte de 37$ à 54$. Menu dégustation 7 services à 80$ (ajoutez 60$ avec l'accord de vin). Sans aucun doute une

Parc national du Bic © Sépaq - Jean-Pierre Huard

des plus belles auberges de la région. L'édifice rouge, avec son grand jardin et sa vue imprenable sur les îles, intrigue les flâneurs. Les chambres sont à la fois luxueuses, champêtres et très romantiques. La cuisine, d'une qualité remarquable, reçoit régulièrement des lauréats. Bref, cette auberge devient une destination plus qu'un lieu où passer la nuit. Une escale d'exception, une invitation au rêve !

ACTIVITÉ

PARC NATIONAL DU BIC

3382, route 132 Ouest (20 km de Rimouski)
418-736-5035
Réservations Sépaq 1 800-665-6527
www.sepaq.com/pq/bic/fr/

Ouvert à l'année. Accès quotidien adulte : 3,50 $, enfant : 1,50 $, gratuit pour les enfants de 5 ans et moins. Tarifs groupe et famille disponibles. Postes d'accueil : Rivière-du-Sud-Ouest, (route 132), entrées du Cap-à-l'Orignal et Havre-du-Bic (route 132). Situé dans l'estuaire maritime du Saint-Laurent, le parc national du Bic (33,2 km²) se compose de caps, baies, anses, îles et montagnes. Le pic Champlain (baptisé par Champlain en 1603) est la plus haute montagne de ce parc qui comporte également le cap Enragé, l'île du Massacre, l'île Brûlée (ou l'île Ronde), la baie des Roses, la pointe aux Anglais, l'île Bicquette, l'anse à Mouille-Cul et l'anse des Pilotes. L'environnement est calme et paisible. Vous y apprécierez les bruits et les odeurs de la mer ainsi que le vent marin et les magnifiques couchers de soleil. Vous pourrez y voir s'ébattre des phoques gris et des phoques communs et observer des milliers d'oiseaux marins, dont l'eider à duvet, venant nicher. La mer, la forêt et la prairie rendent ce havre de nature exceptionnel.

Hébergement sur place : camping aménagé et rustique (206 emplacements – camping d'hiver disponible), yourtes, tentes-roulottes et tentes Huttopia, igloo (2 à 4 personnes) et un refuge hivernal (capacité 8 personnes).

Activités : balade de découverte du parc en minibus, excursion en kayak de mer, bicyclette (15 km), randonnée pédestre (25 km), randonnée guidée. En hiver, ski nordique (20 km de sentiers balisés, non tracés), balade en raquettes (27 km), randonnée pédestre sur neige (5 km).

Depuis l'été 2009, le chalet Lyman, en bordure du fleuve et uniquement accessible aux marcheurs, est devenu un salon de thé. Il est ouvert tous les jours en été de 11h à 16h.

À la rencontre des petits producteurs

Cette région bucolique attire de nombreux petits entrepreneurs. Voici une sélection de nos coups de cœur.

© Bleu Lavande

MICROBRASSERIES

BROUEMONT

107, boul. Bromont, Bromont

450-534-0001

www.brouemont.com

Ouvert tous les jours dès 11h30 (la cuisine ferme à 21h en semaine et 21h30 le week-end). Patrick Dunningan et sa conjointe, Diane Moreau, ont d'abord ouvert le Tabby's à Bedford qui fut entièrement ravagé par un incendie en 2002. Qu'à cela ne tienne, l'entreprise renaît sous le nom de Brouemont, bien installée dans ses nouveaux locaux à Bromont, et verse sa première pinte de bière le 25 mars 2004. Ici, chacun a son rôle ! Patrick, le maître-brasseur, s'occupe de la dizaine de bières figurant au menu : la blonde framboise et miel, la IPA, la Scotch Ale, la Nutty Brown… Diane gère le restaurant réputé pour ses steaks, sandwichs et burgers, le tout dans un décor chaleureux avec deux foyers et une mezzanine. En été, profitez de l'accueillante terrasse de 80 places, enveloppée de vignes, de feuillus et de cèdres.

MICROBRASSERIE LE GRIMOIRE

223, Principale, Granby

450-372-7079

www.brasseriegrimoire.com

Ouvert tous les jours (horaire variable selon la saison). L'excellente microbrasserie Le Grimoire a un pub adjacent à sa brasserie et c'est tant mieux ! Pour les petits creux, différentes spécialités sont offertes telles les saucisses vaudoises à la bière, les paninis, les escargots à la Vitale (bière blonde), avec un menu du jour en semaine. Événements, soirées à thème, spectacles… c'est une adresse à retenir et à faire découvrir ! À déguster avec les bières maison.

PRODUITS DU TERROIR

FERME SEIGNEUR DES AGNEAUX

262, chemin de la Diligence, Stukely Sud
450-297-2662
www.leseigneurdesagneaux.com

Boutique. Adresse pour toute la famille où vous sont proposés : visites, animations, centre d'interprétation du mouton et de l'âne, randonnée pédestre et en raquette, et repas à la ferme. Autres activités : randonnée en forêt avec interprétation de la nature, rallye pédestre, chasse au trésor, promenade en traîneau tiré par des ânes, ramassage de l'eau d'étables avec ânes et tire sur la neige, etc. Goûtez aux produits de leur élevage traditionnel : méchoui, table d'hôte et brunch au menu.

MUSÉE DU CHOCOLAT

679, rue Shefford, Bromont
450-534-3893
www.bromont.com/chocolat

Lun-ven, 8h30-18h; sam-dim, 8h30-17h30. Entrée libre. Visite guidée (45 min-1h) : 1,50 $ par personne. Attenant à la confiserie Bromont, le musée du Chocolat démystifie la fabrication de ce produit délicieux. Une visite gourmande pour petits et grands.

SPÉCIALITÉS

BLEU LAVANDE

891, chemin Narrow (247 Sud), Fitch Bay
819-876-5851
Sans frais : 1 888-876-5851
www.bleulavande.ca

Boutique : mai à mi-octobre et 1er au 23 décembre : lun-dim, 10h-17h; le reste de l'année : lun-ven, 10h-17h (fermé du 24 décembre au 5 janvier). Visites guidées : 1er juin à mi-octobre, lun-dim, 10h-17h. Haute saison : adulte 5 $, 13 ans et plus 3 $. Basse saison : adulte 2,50 $, 13 ans et plus 1,50 $. Bleu Lavande est le résultat d'efforts, de recherches et de persévérance. La visite guidée de ce grand centre de culture et de transformation de la lavande vous mènera au centre d'interprétation et à la distillerie. Un court-métrage vous racontera l'histoire de l'entreprise et de la lavande au Québec. Pour ceux qui veulent une visite libre, des panneaux d'interprétation élargiront vos connaissances sur le sujet. Promenez-vous également dans les champs et humez le parfum délicat. La boutique vous offre toute une gamme de produits faits à partir d'huile essentielle pure à 100%. Aires de pique-nique (achetez sur place la boîte à lunch du terroir), concerts de musique classique, journées thématiques.

SAVON DES CANTONS

1540, chemin des Pères, Magog
819-868-0161
Sans frais : 1 877-868-0161
www.savondescantons.com

Juin à fin septembre : lun-dim, 9h-18h (démonstration gratuite à 11h et 15h). Mai et octobre : jeu-dim, 11h-17h (démonstration gratuite à 11h). Novembre à fin avril : sam-dim, 11h-17h. Des savons de toutes les couleurs et toutes les odeurs… La boutique vous propose des savons artisanaux végétaux 70% huile d'olive ou à la glycérine. Ils sont tous également biodégradables et hypoallergènes. À l'étage, vous pouvez assister gratuitement à une démonstration de fabrication (40 min), et un bar à savons vous permet de fabriquer les vôtres ou des sels de bain en 30 min au coût de 13 $ par personne. Autres produits sur place : soins du visage, soins du corps, matières premières pour la fabrication, bougies, accessoires, etc.

La route des vins

La route des vins sillonne la région de Brome-Missisquoi, de Farnham à Lac-Brome et relie une dizaine de municipalités sur un circuit de 132 km. La région possède d'autres vignobles qui ne sont pas sur ce circuit mais qui n'en valent pas moins le détour. Vous trouverez toute la documentation sur le site Internet de l'office du tourisme ou directement à un des bureaux d'information.

HÉBERGEMENT

AUBERGE KNOWLTON

286, chemin Knowlton, Lac-Brome
450-242-6886 | www.aubergeknowlton.ca

Occupation double : 137-160. 12 chambres dont une suite de deux pièces. Petit déjeuner inclus. Forfaits disponibles. Construite en 1849, l'Auberge Knowlton est le plus ancien établissement hôtelier des Cantons-de-l'Est. De plus, elle est située à 20 minutes des pistes de ski du mont Orford et à proximité du début de la route des vins. Le restaurant Le Relais propose des spécialités régionales dont le fameux canard du Lac Brome. Notez que lors de la réservation d'une chambre, vous obtenez 10% de rabais sur la table d'hôte ou le plat principal du soir au restaurant de l'auberge.

CHÂTEAU BROMONT

90, Stanstead, Bromont
450 534 3433 – 1 888 276 6668
www.chateaubromont.com

À partir de 99$ la chambre. Auberge : 45 chambres. Hôtel : 152 chambres et 8 suites. Pavillon : 8 chambres et 4 suites. Forfaits disponibles. Piscines intérieure et extérieure, salle de conditionnement physique, centre de santé, salle de spectacles, restaurant, resto-bar, bistro, terrasses, activités sur place. Situé en face du mont Bromont, le domaine est composé d'une auberge 3 étoiles, d'un hôtel 4 étoiles et d'un pavillon 4 étoiles luxueux. Un passage au restaurant Les Quatre Canards ainsi qu'au Pavillon des Sens (hammam oriental, sauna, massothérapie, soins du corps) s'impose si vous souhaitez conclure votre séjour en beauté !

RESTAURANTS

LE TIRE-BOUCHON

1086, chemin Bruce, Dunham
450-295-2763 | www.orpailleur.ca

Ouvert tous les jours du 20 juin à mi-octobre de 11h30 à 16h. Menu à la carte de 15,95$ à 19,95$. Pour la table d'hôte : ajoutez 6$ au prix du plat principal. Menus pour groupes disponibles. Terrasse. Le vignoble de l'Orpailleur propose plusieurs vins et pour les apprécier à leur juste valeur, le restaurant sert des mets appropriés qui créent des mariages judicieux.

RESTAURANT LES QUATRE CANARDS

Cet établissement, situé dans le Château Bromont, propose une cuisine française et à saveur régionale. La spécialité de la maison, le canard du Lac Brome, est déclinée sous toutes ses formes pour le plus grand bonheur de nos papilles en extase. Ajoutée à cela, une très belle sélection internationale de plus de 500 vins, avec une collection d'importations privées et de vins régionaux.

© NRL

VISITE

Afin d'avoir une excursion des plus complètes, la Route des vins vous offre les « Amis de la Route des vins ». Ce regroupement d'entreprises est le complément idéal à votre parcours. Identifié par un fanion distinctif, il saura vous guider vers des adresses qui vous amèneront à la rencontre des richesses culturelles de la région, du patrimoine, des entreprises agrotouristiques, des tables régionales et de plusieurs activités de plein air.

Sur votre route, vous croiserez artisans de produits du terroir qui se feront un plaisir de vous accueillir et de vous faire découvrir leurs créations. Arrêts disponibles pour des pique-niques, c'est l'occasion idéale de déguster le vin et les produits que vous avez achetés en route. De plus, de nombreux restaurants vous proposent des menus remplis de produits régionaux pour accompagner le vin de la région.

Brome-Missiquoi offre aussi de nombreux ateliers d'artistes, des boutiques, des galeries d'art, ainsi qu'une foule d'activités culturelles. Pour les fanatiques du magasinage, des boutiques charmantes contenant des articles uniques, des œuvres d'art et des antiquités sont également disponibles.

Pour les amoureux du vélo… et du vin, la Route des vins propose plusieurs circuits qui vous feront partir à la découverte des vignobles tout en empruntant les routes sinueuses de la région. Outre le vélo, il est possible de jouer au golf, d'emprunter les nombreux sentiers de la région pour faire de la randonnée, de faire de la voile, du kayak, de pêcher, de camper et même de faire du parachute. Quelle merveilleuse façon de vous dégourdir après une dégustation ou bien de vous y préparer ! Cette route constitue l'excursion idéale pour les Montréalais qui ont envie de changer d'air pendant une journée, mais sachez que la région possède tous les services requis si vous avez envie d'y passer un peu plus de temps.

Peu importe la saison, la Route des vins a des suggestions d'activités qui sauront en tout temps vous divertir et vous mettre en contact avec ce merveilleux produit qu'est le vin. L'hiver, on vous offre même un marché de Noël où vous avez l'occasion d'acheter à la fois vos cadeaux et votre sapin de Noël. Des forfaits sont également disponibles, ainsi que des activités spéciales lors des vendanges (de la mi-septembre à la mi-octobre).

Bon vin, bonne cuisine régionale, gîtes et auberges douillets, activités culturelles et sportives, paysages splendides… Une route mémorable !

Pour plus d'informations
sur le circuit :
1-888-811-4928
informations@laroutedesvins.ca
www.laroutedesvins.ca

Ski et détente dans les Cantons-de l'Est

Les Cantons sont un véritable terrain de jeu pour les amoureux du plein air, et l'hiver venu, des centres de ski fort réputés comme Bromont, Sutton et Orford attirent leur lot d'amateurs sur les pentes. C'est aussi l'occasion de faire étape dans cette belle région, et d'y goûter les joies d'une détente bien méritée, à Magog notamment, destination de villégiature par excellence. Nous vous proposons quelques établissements situés à proximité des pistes, ainsi qu'une pause au Nordic Station, un bain nordique qui vaut le détour !

BROMONT

GÎTE SUR LA BONNE PISTE

170, des Deux-Montagnes

450-522-5193 | www.surlabonnepiste.com

Occupation simple ou double : à partir de 105$. 3 chambres. Petit déjeuner copieux inclus. Forfaits disponibles. Stationnement gratuit. Rangement pour les articles de sport. Cette charmante maison canadienne sied directement au pied des pistes dans un cadre boisé. Ses trois chambres douillettes et très colorées vous apporteront tous les repos nécessaire après une longue journée d'effort sur les pistes. Pensez d'ailleurs à réserver votre forfait de ski auprès du gîte, question de maximiser votre budget.

SKI BROMONT

150, Champlain | 450-534-2200/ 1 866-276-6668

www.skibromont.com

Lun-jeu & dim, 8h30-22h; ven-sam, 8h30-22h45 (horaire variable pendant les Fêtes, la semaine de relâche et la fin de saison). Tarifs à la journée, à la soirée, et par bloc de 3 ou 4 heures. Ski Bromont est un parc multiactivités qui s'adapte aux quatre saisons. En hiver, vous profiterez des plaisirs de la glisse dans des conditions exceptionnelles d'enneigement avec 129 pistes dont 60 éclairées, un dénivelé de 385 m, 9 remontées mécaniques, et les fameux snowparks avec sauts, box et rails.

MAGOG

ACTIVITÉ

NORDIC STATION

285, chemin des Pères, Magog

819-843-5200/1 866-414-5200

www.spanordic.ca

Lun-dim, 11h-21h. Admission aux bains nordiques : 38 $ (24 $ pour les étudiants), 2 pour 1 le lundi, 28 $ le mardi, 22 $ pour les femmes le jeudi. Massages (proposés en nature): 58 $ pour 30 minutes, 78 $ pour une heure. Ajoutez environ 30 $ en forfait massage et bains nordiques. Une expérience en nature basée sur le concept du spa nordique : vous alternez le chaud (dans les bains à remous, les sauna finlandais et le hammam turc), le froid (baignade en rivière et bains froids) et la détente (aires de détente extérieures et intérieures), pour une expérience dont l'effet thérapeutique s'étend du corps à l'esprit. Vous apprécierez beaucoup la terrasse en pleine nature et la cabane nordique avec feu de bois. Le cadre est idyllique. Des sentiers sont ouverts aux clients, pour prolonger le plaisir... Un moment de bonheur à vivre en toute saison !

HÉBERGEMENT

HÔTEL ET SPA
ÉTOILE SUR LE LAC
1200, rue Principale
& 819 843 6521 – 1 800 567 2727
www.etoile-sur-le-lac.com
Occupation double : à partir de 84 $ par personne en basse saison et 89 $ en haute saison, petit déjeuner inclus. 52 chambres et suites. Forfaits disponibles. Location de condos disponibles (minimum 3 nuits). Piscine extérieure chauffée, centre de santé, terrasse avec vue sur le lac. Situé aux abords du lac Memphrémagog et de la piste cyclable, cet hôtel vous offre confort, gastronomie et soins de santé pour un séjour des plus agréables. L'hébergement se fait en chambre, studio ou suite mais il est également possible de louer un condo tout équipé. Le restaurant, l'Ancrage, est ouvert à tous, midi et soir, et propose une fine cuisine. Belle carte des vins avec une sélection d'importation privée.

RESTAURANTS

AUX JARDINS CHAMPÊTRES
1575, chemin des Pères
819 868 0665/1 877 868 0665
www.auxjardinschampetres.com
Menu dégustation 6 services à 55 $. Apportez votre vin.
Ce restaurant propose une cuisine du terroir et met en valeur les produits régionaux tels que les fromages de l'abbaye Saint-Benoît-du-Lac, le foie gras de la ferme La Gerondine, de la viande de cerf des fermes d'élevage

Highwater, etc. L'ambiance est chaleureuse et le service impeccable.

FONDISSIMO
119, rue Milette
819 843 8999
www.fondissimo.ca
Jeudi-dimanche, dès 17h (la cuisine ferme à 21h30). Ouvert tous les soirs en été. Table d'hôte : 30 $-48 $. Apportez votre vin. Fondues du terroir, gibier, fruits de mer, fromages et chocolats, le tout servi dans un décor sobre et élégant.

SORTIR

LE VIEUX CLOCHER
64, rue Merry Nord
819 847 0470
www.vieuxclocher.com
Dans une vieille église rénovée, le Vieux Clocher propose spectacles d'humour, récitals d'orchestre, jazz, rock… Ce lieu, qui a vu les débuts de nombreux artistes, reste une salle légendaire où les vieux routiers rodent leur spectacle.

ORFORD

AUBERGE AUX 4 SAISONS D'ORFORD
4940, chemin du Parc
819-868-1110/1 877-768-1110
www.aux4saisonsorford.com
Occupation double : à partir de 120 $. 24 chambres de luxe, 4 suites de style loft. Forfaits disponibles. Centre de santé Le Dôme de Morphée sur place. Cette auberge 4-étoiles est située au pied du mont Orford, à 5 km de Magog. Toute la famille est invitée à vivre une expérience de détente et de plein air dans une ambiance décontractée. Sur place, vous trouverez un bistro, une épicerie fine (possibilité d'apporter les plats cuisinés dans les chambres), une salle de cinéma maison et une salle de conditionnement physique.

ESTRIMONT SUITES & SPA
44, avenue de l'Auberge
& 819 843 1616/1 800 567 7320
www.estrimont.ca
Occupation double : 119 $ - 259 $. 91 suites luxueuses réparties sur 3 ailes. Petit déjeuner inclus. Forfaits disponibles. L'établissement a été réaménagé pour le confort de la clientèle, et le résultat est à la hauteur. Les suites sont spacieuses et très bien agencées : la plupart possèdent un foyer et une cuisinette toute équipée. Pour les repas, un bistro avec terrasse est ouvert midi et soir et la salle à manger, avec vue sur le mont Orford, propose une table d'hôte très réputée où la fine cuisine est à l'honneur. Pour se gâter, le centre de santé offre des soins corporels, d'esthétique et des massages. Également : salle de repos dans une yourte avec foyer à quatre faces, et terrains de tennis et de volleyball. Une adresse chic et abordable, qui saura satisfaire les plus exigeants.

PARC NATIONAL DU MONT ORFORD
3321, chemin du Parc | 819 843 9855
Réservations Sépaq 1 800 665 6527
www.sepaq.com/pq/mor/fr/
Ouvert à l'année. Accès quotidien adulte : 3,50 $, enfant : 1,50 $, gratuit pour les enfants de 5 ans et moins. Tarifs groupes et familles disponibles. Postes d'accueil : centre de services du secteur du Lac-Stukely (ouvert à l'année), secteur du Lac-Fraser (ouvert de mi-juin à septembre, chemin Alfred DesRochers jusqu'à la route 220, direction Bonsecours jusqu'à l'entrée du parc). Le parc national du Mont-Orford (58,4 km^2) offre une diversité végétale avec ses forêts de feuillus et d'érable, de vastes étangs, marécages et lacs ainsi que montagnes et collines. Les amateurs de plein air seront comblés par un large éventail d'activités en totale harmonie avec la nature.
Hébergement : camping, tentes-roulottes et tentes Huttopia, 3 refuges.

CANTONS-DE-L'EST

Activités : baignade, activités nautiques, randonnée pédestre et longue randonnée avec nuit en camping rustique, vélo, golf (à proximité), ski de fond, randonnée pédestre sur neige et en raquettes. Ski alpin et surf des neiges à la station de ski Mont-Orford.

STATION DE SKI MONT-ORFORD

4380, chemin du Parc
819-843-6548/1 866-673-6731
www.orford.com

Autoroute 10, sortie 115 Nord, direction parc du Mont-Orford. Accès aux pistes tous les jours de 8h30 à 16h. Tarifs à la demi-journée, la journée ou bloc de 2h (14h-16h, express). Composé de trois montagnes et quatre versants, le mont Orford possède un dénivelé de 589 m et offre 55 pistes pour skieurs et surfeurs. Snowpark avec parcours (sauts, bosses, virages inclinés – passe de saison obligatoire à 15 $). 7 remontées mécaniques. Location d'équipement, boutique d'accessoires, service de restauration, garderie. Sentiers de raquette et ski de fond, yourtes de repos au sommet.

SUTTON

HÉBERGEMENT SUTTON CONDOS ET CHALETS

10, Principale Nord
450-538-2646/1 800-663-0214
www.hebergementsutton.ca

Vous cherchez un chalet, un condo, un studio ou une maison de campagne pour vos vacances ? Faites appel aux agents d'Hébergement Sutton. Peu importent vos critères et votre budget, cette compagnie a plusieurs choix en banque. Un moteur de recherche sur leur site Internet vous permet même de trouver la disponibilité de votre hébergement selon des critères précis.

L'hiver dans les Cantons © Nicolas Garbay

STATION DE SKI SUTTON

671, chemin Maple | 450-538-2545
www.montsutton.com

Autoroute 10, sortie 68, route 139 Sud. Lun-ven, 9h-16h ; sam-dim, 8h30-16h. Tarifs à la matinée, l'après-midi et la journée. Service de location et réparation d'équipement de glisse, boutique Sports Experts, navettes, service de restauration et bar, et garderie. Le mont Sutton est une belle station de ski qui possède 53 pistes d'une grande variété dont 40% dans les sous-bois et 194 jonctions. Les débutants s'entraîneront sur 14 pistes faciles, les habitués progresseront sur 19 pistes difficiles alors que les experts montreront leur talent sur 10 pistes très difficiles et 10 autres extrêmes. Le mont Sutton propose aussi plusieurs sentiers de ski de fond et de raquette.

Découvrir Sherbrooke à l'Hôtellerie Jardins de Ville

Sherbrooke, accueillante capitale des Cantons-de-l'Est qui s'étale sur plusieurs collines, cache bien des surprises, dont plusieurs très bonnes adresses. Nous vous invitons à y faire escale, le temps dune pause entre décors urbains et champêtres.

HÉBERGEMENT

HÔTELLERIE JARDINS DE VILLE

4235, boul. Bourque
819-566-6464 / 1 800-265-7119
www.jardinsdeville.com

À partir de 60 $ par personne en occupation double, petit-déjeuner inclus. Forfaits disponibles.
Une adresse qui se distingue par sa chaleur et son style. Ainsi, les chambres ''champêtres'' de cet établissement éco-responsable ont été décorées et nommées par la propriétaire elle-même. Elles sont très chaleureuses, et une petite touche de poésie leur donne encore plus de vie. Les chambres régulières sont simples et confortables, et les « pavillons » ont une cuisinette ou un coin café bien pratiques. enfin, les condos sont tous entièrement équipés, et sont offerts pour des durées plus longues. Toutes les conditions sont réunies pour un séjour confortable et reposant. Le restaurant n'est pas en reste, et offre une cuisine aux saveurs du terroir, au coeur d'une salle avec verrière donnant sur la ville et sa forêt urbaine. Bref, le lieux idéal pour découvrir Sherbrooke et ses environs (North Hatley et Magog sont aussi toutes proches) dans les meilleures conditions.

RESTAURANTS

AUGUSTE RESTAURANT

82, Wellington Nord | 819-565-9559
www.auguste-restaurant.com

Mar-ven, 11h30-14h30; mar-sam, 17h-23h. Menu midi : 16-20, menu soir : 27-39. Service de traiteur. Danny St-Pierre, qui œuvra aux cuisines chez Toqué et fut le chef exécutif du restaurant Derrière les fagots, est maintenant copropriétaire, avec Anik Beaudoin, de ce merveilleux restaurant ouvert récemment. Tartare de bœuf, saumon fumé maison, poisson du marché et foie de veau de lait poêlé ne sont que quelques exemples du délicieux menu. Des produits frais du terroir apprêtés avec goût en toute simplicité !

LE BOUCHON

107, Frontenac | 819-566-0876
www.lebouchon.ca

Lun-ven, 11h30-14h30; lun-sam, 17h30-21h. Table d'hôte du midi : 12-20, du soir : 32-45. Terrasse. Forfait souper-concert avec l'Orchestre symphonique de Sherbrooke. En plein cœur du quartier historique, ce bistro propose de la fine cuisine française dotée d'une touche d'originalité et de terroir. La carte des vins est très bien garnie et on se fera un plaisir de vous suggérer une bonne bouteille pour parfaire

l'harmonie mets-vin. Des événements liés au monde des vins et de la gastronomie sont organisés mais, inscrivez-vous à l'avance car ils sont très courus.

SORTIR

BOQUÉBIÈRE
50, Wellington Nord | 819-542-1311
www.boquebiere.com
Mer-ven, 11h30-2h; sam-mar, 15h30-2h. Visite guidée des installations brassicole, ateliers de dégustation. Un nouveau joueur dans le monde du brassage de la bière géré par une coopérative de travail qui se démarque bien. L'endroit, parfait pour un 5 à 7 ou un repas entre amis, arbore un look chic et contemporain; la bière, brassée avec amour et patience, est délicieuse; et le menu bistro est entièrement composé de produits locaux et très souvent biologiques.

POINTS D'INTÉRÊT

ORFORD EXPRESS, TRAIN TOURISTIQUE
Marché de la Gare, rue Minto
819-575-8081 / 1 866-575-8081
www.orfordexpress.com
De mi-mai à début novembre. Durée : 3h30. Départs du jeudi au dimanche selon le circuit choisi. Tarifs variables. Forfaits disponibles. Ce magnifique train à vocation touristique, nouvellement doté d'une voiture lounge panoramique, réalise un beau circuit découverte dans les Cantons-de-l'Est. Il se rend en effet jusqu'à Eastman en passant par Magog. À bord une animation culturelle et musicale ponctue le voyage. *Plusieurs forfaits sont proposés : p'tit plaisir gourmand (64-79 par adulte), souper à la brunante (83-98), brunch du week-end (69-84) ou animation sans repas (48$).*

VISITES GUIDÉES AVEC LES PRODUCTIONS TRACES ET SOUVENANCES
819-842-4710
www.tracesetsouvenances.com
Durée : 2h30-2h45. Adulte : 27-28, 6-12 ans : 10-11. Deux tours de ville avec personnages vous feront découvrir Sherbrooke autrement. « Le Tour de la Cité par le Chemin des Fresques » vous plongera au cœur des années 50 où 15 personnages de toutes sortes vous attendent (mi-juillet à octobre). Avec « Traces et Souvenances », c'est la ville au XIXe siècle qui s'ouvre à vous (août à mi-septembre). Rires et plaisirs garantis !

BUREAU D'INFORMATION TOURISTIQUE
785, rue King Ouest
819 821-1919/1 800 561 8331
www.tourismesherbrooke.com

Spectacle d'envergure à Drummondville

Ville à vocation industrielle, en plein territoire agricole, Drummondville fait figure de carrefour géographique, à l'intersection des autoroutes 20 et 55, à environ une heure de route de Montréal, Québec, Trois-Rivières et Sherbrooke. De grands spectacles en font un lieu de séjour intéressant.

HÉBERGEMENT

HÔTEL ET SUITES LE DAUPHIN

600, Saint-Joseph
819-478-4141 / 1 800-567-0995
www.le-dauphin.com
Occupation double : à partir de 110 $. 120 chambres et suites. Forfaits disponibles. L'entreprise familiale de Jean-Yves Milot a de quoi séduire. Les chambres sont spacieuses et d'un grand confort et les suites ressemblent aux suites appartements des grands hôtels. Le personnel est accueillant et aux petits soins. Le Dauphin abrite un bar d'ambiance et le restaurant Le Globe-Trotter, un rendez-vous avec la haute gastronomie. De nombreux forfaits couvrant la presque totalité des attraits régionaux sont disponibles à des prix très intéressants. Piscine intérieure avec spa intégré, centre de santé Relais-Détente, salle de conditionnement physique, Internet sans fil gratuit.

RESTAURANT

RESTAURANT CHEZ MALLET

1320, Mercure | 819-475-6965
www.chezmallet.com
Lun-ven, 11h-14h ; lun-sam, 17h-21h. Le midi table d'hôte à partir de 10 $, le soir à partir de 18 $. Sans contredit la fine table de Drummondville. Un menu tout en finesse, d'inspiration française, mais qui ne dédaigne pas les innovations. Bruno œuvre aux cuisines de main de maître et prépare de véritables petites merveilles. Les viandes sont tendres, les légumes croustillants et frais à souhait, la carte des vins, principalement français, est bien équilibrée. Un service attentionné et rapide vient compléter le tout.

VISITER

VILLAGE QUÉBÉCOIS D'ANTAN

1425, Montplaisir | 819-478-1441 / 1 877-710-0267
www.villagequebecois.com
Trois premières semaines de juin : mer-dim, 10h-18h. Fin juin à septembre : lun-dim, 10h-18h. En septembre : ven-dim, 10h-18h. Dernière admission à 16h. Adulte : 19,95 $, aîné : 17,95 $, étudiant : 13,95 $, 4-12 ans : 9,95 $, famille : 39,95 $. Durée de la visite : 2h-3h. Deux restaurants dans le village ouverts midi et soir (mets typiquement québécois). Pour cette reconstitution fidèle d'un village québécois du XIXe siècle, près de quarante maisons, d'origine ou reconstruites selon les plans d'époque, ont été réimplantées sur le site. Durant l'été, le village s'anime, les métiers

traditionnels renaissent. De plus, plusieurs hangars abritent une collection impressionnante de meubles, d'outils et d'instruments du Québec d'autrefois. Sur le site, la Ferme d'Antan poursuit le voyage pédagogique, où jeunes et moins jeunes renoueront avec l'agriculture non industrielle. En décembre et janvier, le village est illuminé et des pistes de ski de fond serpentent les allées. Au printemps, la cabane à sucre annonce le retour de la belle saison.

SPECTACLES

AO LA FANTASTIQUE LÉGENDE

1425, Montplaisir (au Village Québécois d'Antan)
819-477-5412 / 1 800-265-5412
www.aolalegende.ca

Spectacle du mardi au samedi en juillet et août. Réservation requise. Adulte : 49,50 $, 12 ans et moins : 24,75 $. Forfaits disponibles. Une production en plein air à grand déploiement avec une troupe regroupant plus de 75 artistes bénévoles, sous la direction artistique d'Érick Villeneuve et la musique de Michel Cusson. Ce tout nouveau spectacle, qui fait suite aux Légendes Fantastiques, met en vedette AO, un arbre semé par les premiers humains arrivés en Amérique. Témoin de l'arrivée des premiers colons européens, il a assisté à la modification de son environnement causée par l'industrialisation. Au rythme des neuf grands tableaux, ce spectacle met l'accent sur le rapport entre l'homme et la nature. Acrobates, chanteurs, danseurs, manipulateurs de feu et musiciens vous en mettront plein la vue !

LE MONDIAL DES CULTURES

Au Parc Woodyatt | 819-472-1184
Billetterie : 819-477-5412 ou 1 800-265-5412
www.mondialdescultures.com

En juillet. Macaron valide pour 11 jours : 25 $ en prévente, 30 $ à la porte. Voué au folklore mondial, le festival est une invitation à la découverte des peuples du monde avec une programmation variée de plus de 400 spectacles présentés par des compagnies de danse venant des quatre coins du globe, sans oublier le Québec. Le festival se met en branle avec un défilé dans les rues de Drummondville. Sur le site, un marché international offre de l'artisanat exotique, alors que les divers restos proposent des arômes pour le moins ensorcelants. Une organisation du tonnerre, des frais minimes et de la couleur, de la danse et de la musique : tout est mis en œuvre pour vous faire rêver.

Les délices du terroir du Centre-du-Québec

Dans cette région renommée pour le dynamisme de son agriculture, les produits locaux se retrouvent en grand nombre. Les petits producteurs se feront une joie de partager avec vous les secrets de leur fabrication.

DANS LES ENVIRONS DE DRUMMONDVILLE

LA FERME DU BASSIN

1040, rang Saint-Jean-Baptiste, Saint-Joachim de Courval
450-568-6991 | www.ferme.ca
À 15 min de Drummondville. Un coup de cœur certain pour cette ferme à vocation éducative. Plus de mille animaux que les enfants peuvent approcher sans danger. Une visite guidée par des passionnés, Marc et Sylvie Descoteaux, des informations à la tonne, certes, mais l'intérêt sait se maintenir lorsque le petit animal se blottit dans les bras de l'enfant. Ils peuvent apprendre à traire une chèvre ou à tondre un mouton avec en plus des jeux dans le foin et un labyrinthe. Trois options de réservation : pour les groupes (adaptables aux besoins spécifiques), des journées familiales à dates fixes (durée 4h), ou des visites quotidiennes de fin juin à début septembre à partir de 14h30.

VERGER DUHAIME... NATURELLEMENT !

405, route 239, Saint-Germain-de-Grantham
819-395-2433 | www.vergerduhaime.com
À partir de Drummondville, prenez la route 143 Sud jusqu'à Richmond et ensuite, prenez la route 116 Est jusqu'à Warwick. Un verger de plus de 5 000 pommiers nains, offrant 25 variétés de pommes. L'autocueillette s'effectue de la mi-août au début octobre et il est possible d'entreposer gratuitement sa cueillette jusqu'en décembre. Une sélection appréciable de produits du terroir y est disponible, de même que la gamme complète des produits dérivés de la pomme. Dégustation des divers produits, balade en tracteur et visites de groupes possibles. Le verger tient d'ailleurs un kiosque au 1465, boul. Lemire, à Drummondville, du 1er juillet à la mi-septembre.

La ferme du Bassin © mgphotographe.com

FESTIVAL DU COCHON DE SAINTE-PERPÉTUE

819-336-6190 / 1 888-926-2466
www.festivalducochon.com

Fin juillet-début août. Admission quotidienne : adulte 12 $-28 $, 12 ans et moins gratuit sauf le jeudi). Passeporc : 28 $. Un festival unique au monde où vous pourrez assister à des compétitions hors du commun. La course au cochon dont le but est d'attraper un cochon qui court dans une marre de boue est un must ! Ferme, centre de documentation, bistro, parc d'amusements avec manèges, spectacles musicaux extérieurs avec écrans géants, bref, une expérience bien amusante.

WARWICK

Récipiendaire à plusieurs reprises du concours provincial des Villes et Villages fleuris, cette petite ville se distingue par sa vocation industrielle et agricole. Depuis avril 2007, elle est officiellement la « Capitale des fromages fins du Québec ». Ne manquez pas une visite à la Maison des fromages, question de découvrir les bons produits de la région.

FESTIVAL DES FROMAGES DE WARWICK

819-358-4470 | www.festivaldesfromages.qc.ca

En juin. Adulte : 10 $ (12 $ à 40 $ pour le site des spectacles), enfant : 3 $. C'est le plus important événement canadien consacré principalement aux fromages fins avec une centaine de variétés différentes provenant de tout le Québec. Également au menu : produits des régions, dégustations, animations culinaires, conférences, souper spectacle, spectacles musicaux, activités pour les enfants et les familles. Notez qu'il est possible de camper à proximité pour 15 $ la nuit (forfaits disponibles) et un service de navettes est à votre disposition.

SAINT-LOUIS-DE-BRANDFORD

CENTRE D'INTERPRÉTATION DE LA CANNEBERGE

80, Principale | 819-364-5112
www.canneberge.qc.ca

Fin septembre à la mi-octobre : mar-dim, 10h-16h. Adulte : 9 $, aîné : 8 $, 6-17 ans : 5 $, moins de 6 ans : gratuit. Durée de la visite : 3h. En pleine capitale de la canneberge, ce centre d'interprétation vous explique tout ce qu'il y a à savoir sur ce petit fruit, de sa plantation à la récolte. Comptoir-lunch et kiosque de produits transformés sur place.

BÉCANCOUR

MOULIN MICHEL DE GENTILLY

675, boul. Bécancour
819-298-2882 / 1 866-998-2882
www.moulinmichel.qc.ca

Fin juin à début septembre : lun-dim, 11h-16h. De mi-septembre à mi-octobre : sam-dim, 11h-16h. Adulte : 5 $, 12 ans et moins : gratuit, famille : 10 $. Durée de la visite : 40 min. Construit à l'époque de la Nouvelle- France, en bordure du fleuve, il est l'un des rares moulins à farine ayant conservé sa vocation d'origine. Les visites guidées couvrent le moulin, la meunerie, l'architecture et les expositions. Pour les petits creux, la crêperie champêtre offre un menu composé de crêpes et galettes de sarrasin, accompagnées de produits régionaux. Les week-ends, en saison estivale, le café-terrasse propose des repas succulents entre 11h et 14h. Sur le site, on retrouve un belvédère, un sentier pédestre, des aires de pique-nique, et une boutique d'artisanat et de produits régionaux.

Skier dans Charlevoix

Au total, trois stations de ski de Charlevoix ont retenu toute notre attention :

+ le Massif pour la taille du domaine de ski alpin et la beauté de la vue sur le fleuve
+ le Mont Grand Fonds pour le peu de temps d'attente aux remontées mécaniques
+ le parc des Grands-Jardins pour ses paysages majestueux accessibles en ski de fond ou en raquettes

Le Massif © Marc Archambeault

neiges, télémark. 49 pistes et sous-bois, 5 remontées mécaniques. Accès aux pistes par la base ou par le sommet. Excellentes pistes de ski de fond au sommet. Sentiers pour la randonnée en raquette. Nombreux services sur place dont un restaurant, deux cafétérias, une crêperie et deux pubs. *Un projet de grande envergure est en cours en ce moment afin de transformer la station de ski en un complexe quatre saisons. Afin de faciliter l'accès à la région, un train touristique reliera Québec à La Malbaie. Plus d'informations sur le site Internet du Massif.*

PETITE-RIVIÈRE-SAINT-FRANÇOIS

LE MASSIF DE PETITE-RIVIÈRE-SAINT-FRANÇOIS

1350, Principale | 418-632-5876 / 1 877-536-2774
www.lemassif.com

Ouvert dès 9h en semaine, 8h30 le week-end. L'heure de fermeture dépend de la période (entre 15h et 16h). Tarif pour 1 jour : adulte 61$, aîné 51$, 13-17 ans 43$,7-12 ans 34$. Différents tarifs et forfaits offerts. Le Massif est la plus haute montagne skiable au Québec. Elle offre une dénivellation de 770 m et une vue panoramique sur le Saint-Laurent à couper le souffle. Ski alpin, surf des

GÎTE L'ÉCUREUIL

264, Principale | 418-632-1058 / 1 877-632-1058
www.gitelecureuil.com

Occupation double : 95$. 4 chambres. Petit-déjeuner inclus. Condo pour 4 personnes et chalet tout équipé disponibles pour location de 2 jours à une semaine. À 10 min des pistes. Établissement charmant, à l'image de la région, et qui permet de s'éloigner un peu des grandes zones touristiques environnantes. Nombreuses activités de plein air sur place et à proximité.

Domaine de ski du Mont Grands-Fonds © Francis Baillargeon

VERSANT DU MASSIF

1 877-469-0909

www.versantdumassif.com

Chalets en location ou pour achat. Magnifiques chalets tous équipés pouvant accueillir de 2 à 20 personnes. En plus des services et équipements mis à votre disposition, on vous propose un éventail d'activités.

SAINT-URBAIN

PARC NATIONAL DES GRANDS-JARDINS

Routes 138 et 381, 35 km de Baie-Saint-Paul

418-439-1227

Réservations Sépaq : 1 800-665-6527

www.sepaq.com/pq/grj/fr/

Ouvert à l'année. Postes d'accueil : centre de services Thomas-Fortin au km 31 (fin mai à mi-octobre), Mont-du-lac-des-Cygnes au km 21 (ouvert tous les jours pendant l'été et le Temps des fêtes, les week-ends le reste de l'année). Accès quotidien adulte : 3,50$, enfant : 1,50$, 5 ans et moins : gratuit. Tarifs groupe et famille disponibles. Jadis fréquenté par les chasseurs montagnais, et, vers la fin du XIXe siècle, par quelques riches américains et ontariens en villégiature, s'adonnant à la chasse au caribou et de pêche à l'omble de fontaine, le parc national des Grands-Jardins est un territoire de 310 km² situé au cœur de la réserve mondiale de la biosphère de Charlevoix. Paysages de taïga et de toundra, forêt d'épinettes noires avec sol recouvert de lichen. La faune est représentative des régions nordiques : orignal, ours, loup, caribou et lynx. Peu fréquenté en hiver, c'est un endroit extraordinaire pour le ski de fond.

Hébergement sur place (hiver) : 15 emplacements de camping, 6 chalets, 2 refuges.

Activités d'hiver : ski nordique, randonnée en raquette, pêche blanche, ski nordique (longue randonnée) avec nuit en chalet ou refuge (en collaboration avec la Traversée de Charlevoix).

LA MALBAIE

DOMAINE DE SKI DU MONT GRANDS-FONDS

1000, chemin des Loisirs, secteur Rivière-Malbaie

1 877-665-0095

www.montgrandfonds.com

Lun-ven, 10h-15h45; sam-dim, 9h-15h45 (horaire du week-end pendant la relâche scolaire). Adulte : 31-33, 7-17 ans : 23-25, aîné : 29-31. Tarifs à la demi-journée disponibles. Tarifs pour ski de fond, raquette et glissade. Une jolie station, très familiale. Loin des grands centres urbains, les pistes sont peu achalandées. En plus, les prix sont très raisonnables. 335 mètres de dénivellation, 14 pistes plein soleil, 3 remontées mécaniques, snowpark. Beau domaine de ski de fond également.

La route des saveurs de Charlevoix

Une quarantaine d'entreprises (producteurs, transformateurs et restaurateurs) vous ouvrent leur porte afin de vous faire découvrir l'excellence des produits de la région. Nous vous présentons certaines de nos adresses préférées, dans un circuit allant de Baie-Saint-Paul à La Malbaie.

+ Pour la liste complète : www.routedesaveurs.com.

RESTAURANT AU 51

51, Saint-Jean-Baptiste, Baie-Saint-Paul
418-435-6469

Midis du mercredi au samedi de 11h30 à 14h00, et tous les soirs dès 18h00. Carte, T.H. 5 services à partir de 35.95$, menu enfant. Réservation recommandée.
Le Chef Patrick Fregni et son équipe vous accueillent au centre de Baie St Paul. Un restaurant gastronomique avec une petite touche méditerranéenne, au cadre soigné et au service impeccable. Les produits de la région sont à l'honneur, et servent de savoureux prétexte à des mariages de saveurs inspirants, au sein d'une carte raffinée et abordable. Tout est délicieux, des entrées aux desserts. Une des meilleures tables de la région, qui saura satisfaire les plus exigeants. Le 51 a d'ailleurs une boutique, le Culinarium du 51, qui propose des plats à emporter de grande qualité, confectionnés sur place avec les produits de la région *(96, Saint-Jean-Baptiste, 418-435-3140).*

LAITERIE CHARLEVOIX – ÉCONOMUSÉE DU FROMAGE

1167, boul. Mgr-de-Laval, Baie-Saint-Paul
418-435-2184 | www.fromagescharlevoix.com
Du 24 juin à la Fête du Travail : lun-dim, 8h-19h.
Le reste de l'année : lun-ven, 8h-17h30; sam-dim, 9h-17h. Entrée gratuite. Tarifs pour les visites guidées et dégustations (sur demande). Bistro sur place. Cette entreprise produit des fromages depuis une soixantaine d'années : fromage à pâte molle à croûte fleurie, cheddar frais du jour ou vieilli 5 ans, fromage affiné en surface à pâte cuite… Prenez quelques échantillons au comptoir de vente. C'est également un centre d'interprétation où on vous expliquera les différentes étapes de fabrication du fromage avec aussi en démonstration des équipements anciens.

RESTAURANT LES SAVEURS OUBLIÉES

350, rang Saint-Godefroy (route 362), entre La Malbaie et Baie-Saint-Paul
418-635-9888 | www.saveursoubliees.com
Ouvert de mai à octobre : lun-dim, 17h30-21h (fermé le lundi dès le 1er septembre) – ouvert le midi pour les groupes. Apporter votre vin. Réservations obligatoires. Produits du terroir faits sur place, service traiteur et service de chef à domicile. Menu à la carte : 10-42. Table d'hôte : 38,50$ (3 services et amuses-bouches).
Régis et Guy vous invitent à découvrir, dans une ambiance très conviviale, une authentique cuisine du terroir où

© Nicolas Garbay

l'agneau de Charlevoix et les légumes biologiques sont les spécialités. On y déguste aussi de savoureux plats mijotés. Vous pouvez faire provision des délicieuses confitures et gelées à l'ancienne ainsi que d'huiles, de vinaigres et de plats cuisinés.

LA CHOCOLATERIE DU VILLAGE, POTERIE LINE ST-PIERRE, LA FORGE DU VILLAGE

194, du Village, Les Éboulements | 418-635-1651
Du 24 juin à la mi-octobre : lun-dim, 10h-18h. Le reste de l'année : mer-dim, 10h-18h. Démonstrations et visites commentées. Site pittoresque datant de 1891 qui réunit sous le même toit une chocolaterie artisanale, une forge fonctionnelle avec ses outils d'origine et une boutique de poterie. Démonstrations sur place.

HÉBERGEMENT

AUBERGE DES FALAISES

250, chemin des Falaises,
La Malbaie (secteur Pointe-au-Pic)
418-665-3731 / 1 800-386-3731
www.aubergedesfalaises.com
Occupation double : à partir de 140$ en basse saison et 160$ en haute saison. 42 chambres. Petit-déjeuner inclus. Piscine extérieure. Cette auberge quatre étoiles bénéficie d'une vue magnifique sur le fleuve. Les chambres, décorées avec soin, sont toutes très romantiques. Celles de la catégorie luxe ont un salon, un foyer, un bain à remous et un balcon avec vue sur le fleuve. Le restaurant sert une délicieuse cuisine mettant en valeur les produits de la région.

AUBERGE MOTEL AUX PORTES DU SOLEIL

29, de la Lumière, Baie-Saint-Paul
418-435-3540 / 1 877-435-3540
www.auxportesdusoleil.com
Occupation double : à partir de 69$ en basse saison et de 84$ en haute saison. 17 chambres. Forfaits disponibles. Nombreux services sur place. Josée et Nicolas ont fait de cette ancienne taverne une auberge chaleureuse, un peu en dehors de la ville. Les chambres ont toutes des planchers de bois franc et des couleurs qui ne sont pas sans rappeler les films de Pedro Almodovar. L'auberge est depuis récemment un établissement certifié vert et dans la même optique, un rabais de 5% est accordé à ceux venant en voiture hybride.

Escapade artistique à Baie-Saint-Paul

De tout temps, Baie-Saint-Paul a été le refuge des artistes québécois, en particulier des peintres et des sculpteurs. Les nombreuses galeries d'art et les boutiques d'artisanat méritent qu'on leur consacre du temps. Baie-Saint-Paul doit être arpentée à pied. La rue Saint-Jean-Baptiste et la rue Leclerc, face à l'église, forment l'équivalent du quartier latin parisien. Et si vous êtes de passage en août, ne manquez pas le Symposium international d'art contemporain.

Centre-ville de Baie St-Paul © J-F Bergeron, Enviro Foto

HÉBERGEMENT

AUBERGE LA GRANDE MAISON

160, Saint-Jean-Baptiste
418-435-5575 / 1 800-361-5575
www.grandemaison.com

Occupation double : à partir de 80$ par personne, repas du soir et petit-déjeuner inclus. 23 chambres et suites. Centre de santé sur place. Forfaits disponibles.

Belle demeure victorienne rouge et blanche, La Grande Maison, bâtie en 1913, fut d'abord une résidence privée avant de devenir un hôpital, reconverti ensuite en hôtel dans les années 40. Ses belles chambres colorées sont parmi les plus romantiques de la ville. Son restaurant 4 étoiles, Le Marion Grill, est très réputé et sa carte des vins a été primée Carte d'Or de 2005 à 2008.

© NRL

AUBERGE LA MUSE

39, Saint-Jean-Baptiste
418-435-6839 – 1 800-841-6839
www.lamuse.com

Occupation double : à partir de 80 $. 12 chambres. Forfaits disponibles. Service de massothérapie et d'esthétique sur place. Cet hôtel de charme, un peu en retrait de la rue, propose des chambres bien agréables et un éco-bistro offrant de succulents mets concoctés avec des produits locaux (vous pourrez également acheter une petite sélection sur place). Ce nouveau bistro, Chez Bouquet, mise sur une philosophie d'équilibre social, économique et environnemental… question de joindre le durable à l'agréable.

RESTAURANTS

CAFÉ DES ARTISTES

25, Saint-Jean-Baptiste | 418-435-5585
www.lecafedesartistes.com

Lun-dim, 9h30-minuit (la cuisine ouvre de 11h30 à 22h). Terrasses, expositions, événements, cabaret. La spécialité de ce petit café sympathique, situé à côté de la Maison Otis, est la pizza européenne, mais on s'y rend aussi pour prendre un espresso ou une bière de microbrasserie. Depuis peu, une salle de spectacles est installée dans les voutes du Café et offre une excellente programmation avec des artistes bien de chez-nous.

ORANGE BISTRO

29, Ambroise-Fafard | 418-240-1197
www.orangebistro.com

Lun-dim, 11h-22h. Comptez entre 15 $ et 35 $ pour un menu à la carte ou en table d'hôte. Verrière, terrasse, salon privé. Dans cette maison centenaire de style victorien, vous dégusterez une cuisine régionale, grillades et fruits de mer. Et si vous vous êtes tellement régalés que vous ne pouvez plus quitter les lieux, l'Orange Bistro vous propose deux jolies chambres d'hôtes.

Les charmes de l'Isle-aux-Coudres

Une île des plus charmantes, de 11 km de longueur sur 5 km de largeur, à découvrir de préférence en vélo !

HISTOIRE DE L'ISLE-AUX-COUDRES

Cette petite île s'étend au large de la côte de Charlevoix, face à Baie-Saint-Paul. Le 6 septembre 1535, lors de son deuxième voyage, Jacques Cartier la baptisa ainsi à cause des couldres (coudriers), ancien nom des noisetiers, qui poussent ici en grand nombre. Vers 1728, les colons vinrent s'établir sur l'île qui, pendant longtemps, appartint au Séminaire de Québec. Les habitants pratiquaient l'agriculture et chassaient aussi le beluga, qu'ils appelaient marsouin, pour son huile. La chasse au beluga a cessé à la fin des années 1960. L'espèce, menacée de disparition, est aujourd'hui protégée. Jusqu'à la fin des années 1950, l'île abrita des chantiers navals où étaient construites les voitures d'eau - simples canots d'écorce, lourds canots, chaloupes, puis goélettes (à voile puis à moteur) – adaptées à la navigation sur les eaux du fleuve, quelquefois tumultueuses ou encombrées de glaces flottantes.

Les goélettes étaient utilisées pour le cabotage et la chasse aux marsouins. C'est là que le cinéaste Pierre Perrault tourna, dans les années 1960, ses documentaires sur la chasse aux marsouins et les voitures d'eau, qui ont contribué à faire connaître l'île. Le tissage artisanal est une tradition qui a subsisté.

En savoir plus :
www.tourismeisleauxcoudres.com

POINTS D'INTÉRÊT

Suggestion : Faites un tour de l'île à vélo. On trouve des kiosques de location partout, dès la sortie du traversier. Profitez-en pour aller voir le monument Jacques-Cartier, le phare, la croix du Cap, la roche à Caya, la Grotte de la Vierge, les moulins, le pilier (vieil indien) et la pointe du Bout d'en bas.

CIDRERIE ET VERGER PEDNEAULT – ÉCONOMUSÉE DE LA POMICULTURE

3384, chemin des Coudriers | 418-435-2365
www.vergerpedneault.com
Autocueillette de début septembre à fin octobre. Groupes sur réservation. Cette cidrerie a été créée en 1918. Deux générations se sont succédées pour faire des cidres bien sûr, mais aussi divers produits dérivés de la pomme et d'autres fruits. Mistelle, vinaigre de cidre, gelée de pomme, beurre de pomme ou de poire, sirop de poire, confiture de prune bleue, de cerise ou de pruneaux, de quoi faire saliver.

L'Isle-aux-Coudres © Jonathan Chodjaï

LES MOULINS DE L'ISLE-AUX-COUDRES – ÉCONOMUSÉE DE LA MEUNERIE

36, chemin du Moulin | 418-438-2184
www.lesmoulinsiac.com

Ouvert de la mi-mai à la mi-octobre, tous les jours de 9h30 à 17h30. Adulte : 8$, 6-18 ans : 5$, moins de 6 ans : gratuit, famille : 18$. L'un est à vent, l'autre à eau. Tous deux sont en fonction et datent du début du XIXᵉ siècle. On verra un meunier moudre le blé et le sarrasin avant de pétrir son pain. Un four à pain traditionnel est en opération. Le site est unique au Québec.

MAISON CROCHE OU ENCORE LA MAISON À HORACE

Située à côté de Saint-Bernard, elle est pour le moins étrange. C'est la curiosité de l'île.

MUSÉE LES VOITURES D'EAU

1933, chemin des Coudriers
418-438-2208 / 1 800-463-2118
www.quebecweb.com/voitureau

Mi-mai à mi-juin et mi-septembre à mi-octobre : le week-end seulement. Mi-juin à mi-juillet et mi-août à mi-septembre : lun-dim, 10h-17h. Mi-juillet à mi-août : lun-dim, 9h30-18h. Adulte : 4,50$, étudiant : 3,50$, 10 ans et moins : gratuit. Ici, c'est tout le passé de la vie maritime sur le Saint-Laurent qui est évoqué. On y retrouve la goélette Mont-Saint-Louis que l'on peut visiter de la cale à la timonerie. Un sentier mène à une tour d'observation surplombant l'île.

Évasion nature à Tadoussac

Découvrez l'univers extraordinaire des baleines dans un des plus beaux sites d'observation au monde. Une aventure riche en émotions vous y attend, pour une expérience magique ! Les croisières d'interprétation et d'observation, d'une durée de 3h environ, sont proposées de mai à fin octobre. Certaines ont lieu sur des bateaux relativement importants, du haut desquels vous verrez bien les cétacés; d'autres, sur des pneumatiques (Zodiac) offrent un contact privilégié mais imprévisible. Dans tous les cas, un guide explique tout sur ces mammifères. D'autres croisières remontent le fjord du Saguenay. Une belle excursion à condition d'être correctement équipé.

CROISIÈRES 2001

418-235-3333 / 1 866-373-2001
www.croisieres2001.com
2 départs/jour (9h15 et 12h30). 3 en Juillet et août (15h45). Adulte : 62$, aîné et étudiant : 57$, enfant : 25$. Forfaits disponibles. Croisière avec découverte d'une partie du fjord du Saguenay et observation des baleines. La présence d'une caméra vidéo sous-marine permet d'admirer la faune et la flore de cette région. Les seuls à avoir un catamaran à Tadoussac.

CROISIÈRES AML

1 866-856-6668 | www.croisieresaml.com
3 départs par jour pour l'excursion Baleines & Fjord (9h45, 13h et 15h30). Adulte : 62$, aîné et étudiant : 57$, enfants : 28$. 2 départs/jour pour le zodiac. 1 départ/jour pour la croisière de découverte du fjord. Forfaits disponibles à partir de Montréal et Québec. Croisière d'interprétation et d'observation des baleines (3h en bateau régulier, 2h ou 3h en Zodiac).

CROISIÈRES DUFOUR

418 692 0222 – 1 800 463 5250 | www.dufour.ca
2 départs/jour (9h30 et 13h30), 3/jours de mi-juillet à début septembre (16h45). Adulte : 62$, aîné et étudiant : 57$, enfants : 28$. Croisière sportive (juin à fin septembre) : 2 départs/jour (9h et 13h). 3/jour de juin à début septembre (16h). Mêmes tarifs sauf pour les enfants (37$). Forfaits disponibles. Ces excursions aux baleines se font soit sur le monocoque Famille Dufour I soit à bord du Tadoussac III, un zodiac de 48 places.

VISITER

CENTRE D'INTERPRÉTATION DES MAMMIFÈRES MARINS (CIMM)

108, de la Cale-Sèche, Tadoussac
418-235-4701 | www.baleinesendirect.net
www.gremm.org
Mi-mai à mi-juin & fin septembre à mi-octobre : lun-dim, 12h-17h. 3e semaine de juin : lun-dim, 9h-18h. Du 21 juin à fin septembre : lun-dim, 9h-20h. Adultes : 9$, aînés : 6,75$, 6-17 ans : 4,50$, moins de 5 ans : gratuit, famille : 20,50$. Visite incontournable sur la route des baleines. Exposition qui, avant ou après votre excursion, vous permettra d'en connaître davantage sur les mammifères marins fréquentant le fleuve Saint-Laurent de juin à octobre : bélugas, petits rorquals, rorquals communs, baleines à bosse. Des

films, jeux et activités diverses illustrent la vie de cet animal fascinant.

HÉBERGEMENT

BAIE-SAINTE-CATHERINE

HÔTEL MOTEL BAIE-SAINTE-CATHERINE

294, route 138
418-237-4271 / 1 877-444-7247
www.hotelmotelbsc.com

Ouvert de mai à octobre. Occupation double : à partir de 70 $. 18 chambres. Petit-déjeuner inclus en basse saison. Forfait avec repas (repas du soir et petit déjeuner) disponibles. Internet sans fil gratuit. Motel à deux pas du fleuve. Restaurant spécialisé dans les fruits de mer et poissons. Terrasse avec vue sur le Saint-Laurent.

© Jonathan Chodjaï

TADOUSSAC

DOMAINE DES DUNES

585, du Moulin à Baude
418-235-4843 | www.domainedesdunes.com

Ouvert à l'année. 42 emplacements de camping : 30 sans service pour tentes (28 $ par tente, max 4 pers.), 10 avec 3 services pour roulottes et motorisés (30 $ par équipement, max 4 pers.), et 10 tentes « prêt-à-camper » (à partir de 132 $ pour 5 pers.). 9 chalets de 2 à 6 personnes : à partir de 131 $ en basse saison et 167 $ en haute saison (occupation double). Buanderie, sanitaires, salle communautaire, terrains de jeux. Diverses activités vous sont proposées. Le Domaine des Dunes se trouve à 2 km du centre du village de Tadoussac, sous un boisé de bouleaux près des dunes de sable. Les chalets disposent d'une cuisine toute équipée, de deux chambres avec lit double et literie, d'une salle à manger et d'un poêle à bois. En plus des emplacements pour tentes, roulottes et motorisés, le domaine offre maintenant des tentes « prêt-à-camper » avec lits, cuisinette, électricité et propane. Ces dernières offrent une superbe vue sur le Saint-Laurent.

HÔTEL RESTAURANT GEORGES

135, du Bateau-Passeur
418-235-4393 / 1 877-235-4393
www.hotelgeorges.com

Ouvert du 1ᵉʳ mai jusqu'à la fin octobre. Haute saison : à partir de 84 $ en simple et de 99 $ en occupation double. Basse saison : à partir de 79 $ en simple et de 95 $ en occupation double. 30 chambres. Salon, bar, restaurant, baignade sur le site. Tarif préférentiel pour les activités à Tadoussac. Plage privée. Fondé en 1839, il fut le premier hôtel en Amérique du Nord. Les chambres ont une vue sur le fjord ou sur le lac de l'Anse de l'Eau. Son restaurant, avec vue panoramique sur le fjord, met de l'avant les produits de la mer et est réputé comme étant la maison du homard à Tadoussac. Vous pouvez d'ailleurs le choisir dans le vivier du restaurant.

Longer la Rive Sud du Saint-Laurent

Dans Chaudière-Appalaches, les beaux villages se succèdent sur les rives du Saint-Laurent. Nous vous en présentons quelques-uns.

HÉBERGEMENT

AUBERGE DES GLACIS

46, route Tortue, L'Islet (secteur Saint-Eugène)
418-247-7486 / 1 877-245-2247
www.aubergedesglacis.com
Forfait « souper, coucher, petit déjeuner » : 139-219 en occupation double. 10 chambres dont 2 suites. Plusieurs forfaits disponibles. Service de massothérapie

Isle-aux-Grues © Nicolas Garbay

sur réservation. Grand parc avec sentiers aménagés, dont un nouveau sentier historique soulignant les 20 ans de l'établissement et son passé en tant que moulin à farine, et un lac pour la baignade. Table gourmande : 49$. Une auberge de charme, nichée dans un parc de 5 hectares. En après-midi, on vous proposera de déguster des thés Kusmi, le thé des Tsars, dans la verrière ou sur la terrasse. Du côté du restaurant, le chef cuisinier fait des merveilles. Sancerrois de naissance, Québécois d'adoption, Olivier combine ces deux traditions gastronomiques. Sa spécialité est la quenelle lyonnaise, de quoi faire gronder l'estomac !

VISITER

LIEU HISTORIQUE NATIONAL DU CANADA DE LA GROSSE-ÎLE-ET-LE-MÉMORIAL-DES-IRLANDAIS

418-234-8841 / 1 888-773-8888
www.pc.gc.ca/grosseile
Ouvert de mi-mai à mi-octobre. Les croisières Lachance (www.croisiereslachance.ca, 418-259-2140 ou le kiosque de la marina de Berthier-sur-Mer) organisent des départs quotidiens. Tarifs (comprenant le transport en bateau et la visite guidée) : adulte 46,50$, 6-16 ans 25$, 5 ans et moins : gratuit. Durée : environ 5h. Grosse

Île, ancien lieu d'arrivée des bateaux venus déposés des immigrants, notamment d'Europe et surtout d'Irlande, fut pendant longtemps une station de quarantaine. Une exposition retrace l'importance de l'immigration au Canada, plus particulièrement via la porte d'entrée de Québec, du début du XIXe siècle jusqu'à la Première Guerre mondiale. Une autre relate les événements tragiques vécus par les immigrants irlandais, spécialement lors de l'épidémie de typhus de 1847. La dernière exposition insiste sur l'aspect médical et humain de ce qui était vécu dans une station de quarantaine. Une visite passionnante pour qui veut en savoir plus sur le peuplement de ce nouveau pays. Depuis Québec, Lévis, l'Île d'Orléans et Sainte-Anne-de-Beaupré :

Croisières Le Coudrier
418-692-0107 / 1 888-600-5554
www.croisierescoudrier.qc.ca

L'ISLE-AUX-GRUES ET SON ARCHIPEL
418-248-8060 (information touristique)
www.isle-aux-grues.com

L'Isle-aux-Grues est située à la hauteur de Montmagny, dans un archipel composé de 21 îles et îlots. Elle est la plus importante des îles en superficie : 10 km de long et 4 km de large, si l'on compte les battures qui la relient à l'Ile-aux-Oies. L'Isle-aux-Grues compte 150 insulaires et est d'ailleurs la seule à être habitée à l'année. Des visites guidées de l'île (418-248-7388), le musée « Le Grenier de l'Isle », ou la plateforme d'observation font partie des attractions. La Pointe-aux-Pins, zone écologique protégée, est le lieu idéal pour les randonnées pédestres. Faites également un tour à la fromagerie S.C.A. de l'Isle-aux-Grues où vous ferez de bonnes petites trouvailles.

SOCIÉTÉ DES TRAVERSIERS DU QUÉBEC
418-234-1735 ou 418-248-9196 / 1 877-787-7483
www.traversiers.gouv.qc.ca
Service de traversée vers l'Isle-aux-Grues, saisonnier d'avril à décembre. Gratuit. Durée : 25 min. Heures des traversées différentes selon les mois (entre 1 à 4 par jour).

MUSÉE MARITIME DU QUÉBEC
55, des Pionniers Est, L'Islet | 418-247-5001
www.mmq.qc.ca
De l'Action de grâce à fin mai : lun-ven, 10h-16h sur réservation. De fin mai au 24 juin & de la Fête du Travail à l'Action de grâce : lun-dim, 10h-17h. Du 24 juin à la Fête du Travail : lun-dim, 9h-18h. Adulte : 9$, aîné : 8$, 6-16 ans : 4,50$, famille : 22$. Le village de L'Islet a fourni de grands navigateurs au Québec dont l'un des plus célèbres d'entre eux, le capitaine Bernier. Très bien conçue, l'exposition permanente évoque leurs vies et exploits. Vous passerez également par l'atelier des chaloupes et visiterez deux brise-glace.

SEIGNEURIE DES AULNAIES
525, de la Seigneurie, Saint-Roch-des-Aulnaies
418-354-2800 / 1 877-354-2800
www.laseigneuriedesaulnaies.qc.ca
Ouvert tous les jours de mi-juin à la Fête du Travail de 9h à 18h (les week-ends seulement de fin mai à mi-juin et de mi-septembre à mi-octobre). Adulte : 10,75$, aîné : 9,75$, étudiant : 9,50$, 6-12 ans : 6,50$, famille : 25$. C'est le plus grand centre d'interprétation du Québec dédié au régime seigneurial. Le manoir de style victorien date de 1853 et ses galeries sont ornées de dentelles. Des personnages en costume d'époque animent la visite guidée et nous font revivre cette époque. À la fin de la visite, on peut se « perdre » dans des petits sentiers secrets menant à des jardins et à la rivière ou alors faire une halte au café-terrasse ou à la boutique. Cette dernière offre un très grand choix de produits cuisinés avec leur farine moulue sur des meules de pierre.

Séjour nature en Beauce

La Beauce s'inscrit géographiquement dans la vallée de la Chaudière. Région agricole, elle possède un riche passé et propose de nombreuses activités de plein air pour les quatre saisons. Moins achalandée et donc plus authentique, cette région mérite amplement d'être explorée.

HÉBERGEMENT

APPALACHES LODGE-SPA-VILLÉGIATURE

1, de la Coulée, Saint-Paul-de-Montminy
418-469-0100 / 1 866-661-0106
www.appalachesspa.com

Occupation simple ou double : à partir de 105$. 42 chambres réparties dans 7 pavillons en bois rond. Possibilité de louer un pavillon complet. Forfaits disponibles. Blotti en montagne, au cœur du Parc régional des Appalaches, ce tout nouveau centre de villégiature offre l'hébergement grand confort, des services complets de relais santé de type nordique, un centre de massothérapie et un grand éventail d'activités. Le pavillon d'accueil propose des services de restauration et de bar et un centre complet de location d'équipement vous permettra de profiter pleinement de la nature environnante.

ACTIVITÉS

PARC RÉGIONAL DES APPALACHES

105, Principale, Sainte-Lucie-de-Beauregard
418-223-3423 / 1 877-827-3423
www.parcappalaches.com

Ouvert à l'année. Tarifs variables selon les activités mais accès gratuit aux sentiers. Hébergement possible en camping, refuges et chalets. Service de navette et de transport de bagages. Composé de 11 sites naturels, ce parc offre un éventail d'activités pour les petits et les grands. Un réseau de 120 km de sentiers vous permettra d'admirer la faune, la flore et la beauté des paysages. Chutes, rivières, cascades, eskers, tourbières, montagnes, un lieu parfait d'évasion.

Activités : canot, kayak, activités nautiques, randonnée pédestre et de raquette, vélo, pêche, de tout pour tous les goûts.

PARC RÉGIONAL MASSIF DU SUD

300, route du Massif, Saint-Philémon
418-469-2228
www.parcmassifdusud.org

Ouvert à l'année. Tarifs d'accès au parc. Possibilité de louer la ville médiévale pour les groupes. Service de navette et de transport de bagages. Ce parc régional d'une superficie de 119 km^2 présente 20 sommets dont deux des plus hauts de la région (917 m). De vastes panoramas (accessibles aussi en voiture), des torrents et cascades, un canyon et des forêts anciennes vous attendent. Les activités de plein air y sont nombreuses : 107 km de sentiers pédestres, 35 km pour vélo

Parc régional du Massif du Sud ©
Tourisme Chaudière-Appalaches

hybride ou cross-country, ski de fond, raquette, initiation au GPS et à l'orientation, randonnées des sommets, pêche, ateliers de découverte et d'interprétation, etc. La piste d'hébertisme comprend 12 jeux dont un pont de corde, un château labyrinthe et une tyrolienne. L'hiver fait place à la station de ski qui compte une vingtaine de pistes. Mordus de poudreuse, un forfait permet d'emprunter un « catski » afin d'aller skier hors-piste dans l'arrière-pays ! Des sentiers de ski de fond et de raquette sont également aménagés. L'hébergement se fait en refuge, yourte, studio, condo ou chalet sur le site même du parc.

DANS LES ENVIRONS

VILLAGE DES DÉFRICHEURS ET FORÊT LÉGENDAIRE

3821, 8e Rue (route 204), Saint-Prosper
☎ 418 594 6009 – 1 866 594 6009
www.village-des-defricheurs.qc.ca

Ouvert de la mi-mai à mi-juin sur réservation de groupe seulement. Mi-juin à fin août : lundi-dimanche, 11h 18h. Fin août à fin septembre : en semaine pour les réservations de groupe et le week-end, grand public de 11h à 18h. Forfait village des défricheurs et forêt légendaire : adulte 15$, 7-18 ans 11$, famille 40$. Avec l'aide de guides costumés, vous découvrirez la vie rurale du XIXe siècle en visitant une douzaine de bâtiments (école, bureau de poste, maisons…). Une exposition permanente est consacrée aux contes et légendes en Beauce. La forêt légendaire propose un jeu grandeur nature où le visiteur est mis à contribution (durée d'environ 2h30). Armé de son carnet de route, en équipe de 2 à 6 joueurs, il doit parcourir la forêt et éclaircir les mystères de ce lieu. Aussi : soirées de contes et légendes au fanal avec les personnages des Feux Follets.

Géocaching en Gaspésie

La chaîne hôtelière Riôtel propose un forfait 6 jours de géocaching, nouveau loisir à la mode. À l'aide d'un récepteur GPS, partez à la recherche de caches et de trésors. Le forfait comprend les nuitées, les petits déjeuners et repas du soir (pourboires compris), les apéritifs (6), la location d'un GPS, et la trousse des chasseurs de trésors. On vous remettra également des dollars Riôtel échangeables dans les parcs nationaux, les attraits touristiques et les services de massothérapie de l'hôtel de Matane. Une manière captivante de découvrir la magnifique région de la Gaspésie, et une activité ludique pour les grands comme les petits !

HÉBERGEMENT

RIÔTEL MATANE

250, du Phare Ouest

418-566-2651 / 1 877-566-2651 | www.riotel.com

Occupation double : à partir de 79 $ dans le pavillon et 99 $ dans l'hôtel. 71 chambres et une suite dans le bâtiment principal et 24 chambres dans la pavillon. Forfaits disponibles. Cet hôtel 4 étoiles a tout pour vous plaire ! Ses nouvelles chambres tendances offrent une ambiance feutrée et luxueuse et leur mobilier a été fabriqué par un ébéniste de la région. Les services sur place sont nombreux : spa extérieur, piscine chauffée extérieure (été), service de massothérapie, terrain de tennis et salle de conditionnement physique, bar avec foyer… L'hôtel compte deux restaurants : « Le Grand Bleu », ouvert à l'année, proposant une cuisine raffinée, et « La table du capitaine », ouvert en saison estivale seulement, offrant une cuisine décontractée, avec spécialité de homard et de produits de la mer.

RIÔTEL PERCÉ

261, route 132 Ouest

418-782-2166 / 1 800-463-4212 | www.riotel.com

Ouvert de mi-mai à mi-octobre. À partir de 79 $ dans le pavillon en occupation double et 89$ dans l'hôtel. 90 chambres dans le bâtiment principal et 12 au pavillon de la montagne. Nombreux forfaits disponibles. Wifi gratuit. Ordinateur à disposition des clients. Terrasse, spa extérieur, accès direct à la plage, salle de conditionnement physique. Un hôtel 3 étoiles très confortable et fort bien tenu. Les chambres sont très chaleureuses et confortables et, fait non-négligeable, la grande majorité ont une vue imprenable sur le rocher Percé et l'île Bonaventure. Le panorama depuis la salle à manger du restaurant « Bonaventure sur Mer » est à couper le souffle. Allez y déguster le homard fumé, ou encore y prendre le petit déjeuner en face du rocher… Une adresse de choix, pour laquelle il est fortement recommandé de réserver en saison !

RIÔTEL BONAVENTURE

98, de Port-Royal
418-534-3336 / 1 877-534-3336
www.riotel.com

Ouvert de mi-mai à mi-octobre. Occupation double : à partir de 89$. 31 chambres. Wifi gratuit. Ordinateur à la disposition des clients. Nombreux forfaits disponibles. Le Riôtel Bonaventure, construit en 1906, a littéralement les pieds dans la mer ! Les chambres sont dotées de terrasses/balcons donnant sur la mer. Les chambres supérieures ont été entièrement rénovées en 2009 et offrent un décor et un confort des plus contemporains. Parmi les services, notons une plage privée avec accès à la baignade, une grande terrasse avec vue sur la mer, le restaurant « Côté Mer », qui fait la part belle aux produits de la Gaspésie, et le « Pub 1906 », offrant un menu plus simple et une ambiance décontractée.

RESTAURANT

LA MAISON DU PÊCHEUR

155, Place du Quai
418-782-5331

Ouvert de juin à mi-octobre : lun-dim, 11h30-14h30 et 17h30-22h. Le midi : environ 15$, table d'hôte du soir : 20-40. Georges Mamelonet, ancien maire de Percé, député de la circonscription et propriétaire des lieux, est un Français installé en Gaspésie depuis près de 30 ans et qui défend bec et ongles les produits québécois. La pêche, à défaut d'être miraculeuse, est toujours bonne. Tous les jours, il va chercher pour vous du homard dans des viviers sous-marins. La langue de morue au beurre d'oursin que l'on dégustera après un potage d'algues marines, par exemple, est une des spécialités de la maison. Le plateau de la mer pour deux est généreux et délicieux. Outre les fruits de mer et le poisson,

le restaurant apprête aussi bien, avec des légumes de la région essentiellement bio, l'agneau de la vallée Matapédia. Les pizzas au feu d'érable sont délicieuses. Également au menu, fromages québécois en provenance des îles de la Madeleine et d'autres régions du Québec. Pour terminer, craquez pour l'un des desserts qui trônent au centre du restaurant ! Un incontournable dont vous repartirez avec le sourire !

POINTS D'INTÉRÊT

EXPLORAMER

1, du Quai, Sainte-Anne-des-Monts
418-763-2500
www.exploramer.qc.ca

Ouvert tous les jours de juin à mi-octobre de 9h à 17h. Droits d'entrée pour les expositions. Sorties en mer et combo excursion et exposition disponibles. Exploramer vous invite à la découverte de l'écosystème et de la biodiversité du Saint-Laurent. Pour ceux qui ont plus de temps, montez à bord du JV Exploramer pour une excursion en mer où vous assisterez entre autres à la levée de casiers de pêche.

MUSÉE DE LA GASPÉSIE

80, de Gaspé
418-368-1534
www.museedelagaspesie.ca

Juin à novembre : lun-dim, 9h-17h. Le reste de l'année : lun-ven, 9h-12h et 13-17h : sam, 13h-17h. Droits d'entrée. Le Musée de la Gaspésie, agrandi et rénové en 2009, présente une toute nouvelle exposition historique : Gaspésie… le grand voyage, un « tour de la Gaspésie » original et dynamique, à la rencontre des hommes et des femmes qui ont façonné ce coin de pays ! Le Musée présente aussi des expositions saisonnières illustrant divers volets de la culture gaspésienne (arts, sciences, société).

Détente et plaisirs à la Source - Bains nordiques

Lanaudière abrite un des plus beaux spas du Québec : La Source – Bains Nordiques. Flambant neuf, situé dans une belle forêt, ce bain nordique est une merveilleuse destination pour se détendre.

LA SOURCE – BAINS NORDIQUES

4200, Forest Hill, Rawdon
450-834-7727 / 1 877-834-7727
www.lasourcespa.com

Lun-mer, 10h-20h ; jeu-dim, 10h-21h. Forfaits et service de massothérapie disponibles. Accès journée : 39 $, soirée : 25 $. Quoi de plus relaxant et agréable que de passer une journée dans des bains nordiques ? D'autant plus que ceux de La Source sont absolument magnifiques. Ils se distinguent par le calme qui y règne (la semaine surtout !) et par la beauté du cadre naturel. On passe du chaud (sauna, bains tourbillons extérieurs, bain de vapeur) au froid (cascade, étang naturel et bains froids). Bien sûr, entre les deux, il est très important de passer du temps dans l'une des salles de repos ou dans la formidable forêt qui entoure La Source. Si on le désire, on peut compléter sa détente par l'un des excellents massages prodigués par des thérapeutes. Pour finir l'expérience en beauté, dégustez un plat original au Bistro de La Source … tous vos sens seront alors comblés.

HÉBERGEMENT

LES CHALETS D'ÉMÉLIE

521, Lac Pierre Nord, Saint-Alphonse-Rodriguez
450-883-1550 / 1 866-683-1550
www.chalets-emelie.com

Chalets de 2 à 3 chambres, disponibles à l'année, pour le week-end, la semaine ou le mois. Les contacter directement ou visiter leur site Internet pour connaître la gamme des tarifs. Une autre belle adresse pour les amants de la nature. Sur place, une magnifique plage privée sur les bords du lac Pierre et des sentiers multifonctionnels balisés pour vos activités en toute saison. Vous êtes également à proximité de nombreuses attractions et sites d'activités extérieures.

RESTAURANT

BISTRO LE MARIE-CHARLOTTE

385, route Sainte-Béatrix,
Saint-Alphonse-Rodriguez | 450-883-8665

Jeu-dim, 17h-fermeture ; mercredi sur réservation. Janvier à mai : ouvert du vendredi au dimanche. Apportez votre vin. Terrasse extérieure. Ce charmant bistro prépare une cuisine raffinée aux couleurs du terroir. Gibiers, poissons frais, foie gras poêlé, jarret d'agneau confit et thon grillé font entre autres

partie du menu coloré et délicieux qui ne vous laissera pas indifférent. Les desserts, sorbets et glaces sont tous faits maison, alors laissez-vous tenter !

ACTIVITÉS

ARBRASKA

4131, Forest Hill, Rawdon
450-843-5500 / 1 877-886-5500
www.arbraska.com

Ouvert tous les jours de mi-février à décembre (sur réservation seulement). Départs garantis d'avril à novembre. Adultes : 35 $, 8-13 ans : 26 $, 5-7 ans : 24 $. Parcours de nuit : tarif unique de 38 $. Équipé d'un baudrier, il faut braver ses peurs pour traverser la forêt, en se baladant de cimes en cimes. Tyroliennes, ponts suspendus, filets à grimper, parcours extrêmes… Autant dire que ceux qui ont le vertige devront s'abstenir mais les amateurs de sensations fortes et de verdure seront ravis.

PARC DES CASCADES

6669, Pontbriand
450-834-4149

Route 341. Ouvert tous les jours de mi-mai à mi-octobre. Adulte : 5 $, 7-14 ans : 3 $, moins de 7 ans : gratuit. Aire de pique-nique. La rivière Ouareau déferle sur les roches et se brise en une multitude de cascades à son arrivée à Rawdon. Sentiers de randonnée aménagés.

PARC DES CHUTES DORWIN

3074, 1ᵉ Avenue
450 834-2596

Route 337. Ouvert tous les jours en été. Mêmes tarifs que pour le parc des Cascades. Rendez-vous sur le site enchanteur des Chutes Dorwin. Vous pourrez y observer, à partir de deux belvédères, la féerie de la chute dont s'inspire une légende amérindienne. 2,5 km de sentiers écologiques sont aménagés afin de vous faire découvrir les beautés de la forêt luxuriante.

Détente et plein air au Lac Taureau

Perdue dans Lanaudière, à Saint-Michel-des-Saints, cette grande auberge en bois rond est un extraordinaire point de départ pour explorer le lac Taureau. En canot l'été ou en ski de fond l'hiver ! De superbes installations vous attendent pour un séjour d'exception en pleine nature. Les circuits « Les chemins de campagne » compléteront agréablement cette escapade hors du commun.

AUBERGE DU LAC TAUREAU

1200, chemin Baie-du-Milieu
450 833-1919 / 1 877-822-2623
www.lactaureau.com

À partir de 155$ par personne en occupation double, incluant le petit déjeuner et le souper table d'hôte 4 services, ainsi que certaines activités et services. 100 chambres en auberge et 29 unités de condos. Nombreux forfaits offerts. Superbe complexe hôtelier situé sur les rives de l'immense lac Taureau, véritable mer intérieure. L'auberge, faite entièrement en bois, est des plus confortables. En couple, en famille ou entre amis, c'est un endroit agréable, été comme hiver, pour profiter d'une foule d'activités de plein air (voir la liste ci-dessous). Pour ceux qui recherchent la détente, optez pour les soins offerts au spa, le sauna, le bain tourbillon, la piscine intérieure ou tout simplement la plage, lors de la belle saison. Nous vous conseillons d'essayer les soins amérindiens, une des spécialités de l'auberge. En été, vous pourrez vous faire masser dans un tipi sur pilotis posé sur le lac. Niveau gastronomie, ne manquez pas le restaurant qui sert une fine cuisine régionale dans une superbe salle à manger.

ACTIVITÉS À FAIRE SUR PLACE :

HIVER :
+ inclus dans le forfait : ski de fond (50 km de sentiers) et raquette.
+ moyennant un supplément : pêche blanche, traîneau à chiens, motoneige, hydravion sur patin.

PRINTEMPS :
+ inclus dans le forfait : canot, kayak, tennis, plage sur plusieurs kilomètres, randonnée pédestre
+ moyennant un supplément : randonnée en VTT.

ÉTÉ :
+ moyennant un supplément : planche à voile, ponton, moto marine, canot rabaska, pêche en étang ou en pourvoirie, observation de l'ours, vélo de montagne.

AUTOMNE :
+ moyennant un supplément : randonnée du trappeur, tir à l'arc, golf, survol en hydravion.

Auberge Du Lac Taureau

www.lactaureau.com

Les chemins de campagne

Gagnants d'un grand prix du tourisme québécois en 2008, les circuits Les Chemins de campagne vous proposent de partir à la découverte de la campagne lanaudoise et de ses nombreux trésors régionaux.

Les Chemins de campagne vous proposent cinq circuits différents. Chacun ayant sa propre thématique, ils vous feront tous parcourir les plus beaux paysages lanaudois. La région de Lanaudière est reconnue pour ses sols riches et verdoyants et donc, pour les nombreux produits régionaux qu'elle offre au Québec. Voici une brève description des circuits :

LES VIEILLES SEIGNEURIES (90 KM)
Ce chemin vous fera voir les plus vieilles seigneuries québécoises. Les entreprises qu'on suggère d'y visiter vous feront vivre des expériences mémorables : dégustation de fleurs et d'autres produits faits sur place, balade à pied dans les jardins ou en tracteur, circuit patrimonial pédestre, auto-cueillette, jardins immenses, rencontre avec les animaux de la ferme, soupers-théâtre, visites historiques, chocolatiers à l'œuvre, repas gastronomiques, tours de bateau-ponton, etc. Les amoureux de l'histoire et de la bonne chère seront comblés.

EN SILLONNANT LA PLAINE (61 KM)
Ce circuit vous fera emprunter des routes qui vous mèneront vers des rangs agricoles et des champs qui abondent de produits. Sur la route : visite d'un lieu historique national, ferme de volailles, meunerie, fraisières, potagers, ferme porcine, boutique artisanale. Une chose est certaine, vous reviendrez à la maison les bras remplis de gâteries.

AU PIED DE LA MONTAGNE (80,5 KM)
Cette route vous fera partir à la rencontre d'artisans sympathiques qui habitent dans les villages qui sont parmi les plus pittoresques de la région. Tout cela en sillonnant le pied des montagnes du nord de la région. Le plus exotique des circuits, il vous fera passer par de magnifiques chutes d'eau, visiter une centre d'interprétation de l'huile d'olive, essayer des chapeaux, déguster des confitures, vous balader parmi les bonsaïs et peut-être même arriver face-à-face avec un bison. À vous de découvrir !

À TRAVERS LES VERTES VALLÉES (79,5 KM)
Ce chemin vous fera découvrir les vallées lanaudoises tant aux abords du lac Maskinongé qu'à l'intérieur des forêts. Ferme apicole, parc régional, Maison du Pain d'Épices et fermes d'oies et de canards sont tous des arrêts qui feront de votre évasion en ce territoire une expérience unique.

Lever de soleil sur le Lac Taureau © NRL

ENTRE LE FLEUVE ET LA TERRE (135 KM)

Parcourez les nombreux villages de Lanaudière en longeant une partie de la première route carrossable en Amérique du Nord, le Chemin du Roy. Ici, on vous propose des adresses telles qu'une plantation de sapins de Noël, une courgerie, un comptoir du cerf, une ferme apicole, une bleuetière, une ferme d'asperges, des vignobles, une maison d'habitant, une cidrerie, une chapelle, une boulangerie artisanale, une chèvrerie et une fromagerie. Les activités sont nombreuses et les dégustations, délicieuses !

Des panneaux d'affichage à l'effigie Les Chemins de campagne sauront vous guider lors de votre route. De plus, sur la carte Les Chemins de campagne, chaque circuit est identifié par un code de couleurs.

Que vous soyez en couple, en famille ou entre amis, une multitude d'activités vous sont offertes à l'intérieur de chaque circuit. Les plus populaires sont les visites guidées à la ferme, les centres d'interprétation, les dégustations de produits régionaux, l'auto-cueillette, la visite de jardins, de sites naturels et de sites patrimoniaux.

Bonnes tables et hébergement douillet vous sont également proposés au cas où l'envie de profiter davantage de cette région vous prendrait.

Note intéressante : Depuis 2009, il est désormais possible de télécharger sur le site Web des petites capsules d'information sur chacun des circuits.

Pour vous procurer la carte et les détails du circuit :

TOURISME LANAUDIÈRE

3568, rue Church | Rawdon (Québec) J0K 1S0
Téléphone : 450-834-2535 / 1-800-363-2788
www.cheminsdecampagne.ca

Skier dans les Laurentides

Les stations de ski sont si nombreuses dans les Laurentides qu'elles méritent un chapitre au complet !

HÉBERGEMENT

BLUEBERRY LAKE RESORT

4801, chemin Saint-Cyr, Labelle
819-686-1413 – 1 800-908-1413
www.blueberrylake.com

À partir de 250$ en basse saison, 300$ en mi-saison, 350$ en haute saison et 500$ pendant les Fêtes. 60 chalets. Un domaine privé, proposant de magnifiques et luxueux chalets en bois rond. Les chalets sont très bien équipés, avec téléviseurs à écran plat, jacuzzi et barbecue privé, et dans certains cas, billard, table de ping-pong ou même bureau équipé avec ordinateur… Les chambres y sont spacieuses et la literie de qualité. Niveau restauration, vous aurez le choix entre le restaurant de fine cuisine avec une cave à vin et les services d'un chef privé pour un repas 5 étoiles servi dans votre chalet. Spa intérieur, massothérapie, salle de conditionnement physique, nombreuses activités sur le site (tennis, vélo, kayak, raquette, motoneige, etc.) et vous n'êtes qu'à 25 minutes de voiture de la station Tremblant. Un lieu idéal pour des vacances de rêve.

CÔTÉ NORD TREMBLANT

141, chemin Tour-du-Lac, Lac-Supérieur
819-688-5201 / 1 888-268-3667
www.cotenordtremblant.com

Chalet à partir de 240$ la nuit (selon le nombre de chambres et la saison). Un minimum de deux nuits est exigé. Forfaits disponibles. Construits sur des terrains boisés, de magnifiques chalets en rondins, tout confort, offrent de deux à cinq chambres à coucher. Tous les chalets ont accès au lac Supérieur et à la rivière Le Boulé. Côté Nord Tremblant offre aux inconditionnels de la nature et aux visiteurs en quête d'authenticité une expérience haut de gamme, une excellente table aux saveurs du terroir au restaurant Le Caribou (en bas de la colline, fine cuisine régionale avec comme spécialité la viande de gibier) ainsi que des forfaits variés. *À quelques minutes du Parc national du Mont-Tremblant et de nombreuses activités.*

SKI ALPIN

STATION DE SKI MONT-TREMBLANT

1000, chemin des Voyageurs, Mont-Tremblant
819-681-2000 / 1 866-356-2233
www.tremblant.ca

De fin novembre à mi-avril. Ouvert tous les jours de 8h30 à 15h30/16h15 (selon le mois). Tarifs pour bloc de 4 heures ou la journée. Nouveau forfait qui permet de prendre le télécabine dès 7h45. Une des plus belles stations de l'Est de l'Amérique. 94 pistes, 645m de dénivellation, 13 remontées mécaniques, snowpark. Plusieurs événements au cours de la saison. Achat, location et réparation

© Gillaume Pouliot - Tourisme Laurentides

d'équipement de glisse. Une multitude de boutiques, bars et restaurants dans la station.

STATION DE SKI
MONT BLANC

1006, route 117, Saint-Faustin-Lac-Carré
819-688-2444 / 1 800-567-6715
www.skimontblanc.com

Ouvert tous les jours de 8h30 à 16h. Tarifs pour bloc de 4 heures ou la journée. 40 pistes, 300 m de dénivellation, 7 remontées mécaniques, snowpark (sauts, half-pipe, rampe). Sentiers de raquette et expéditions nocturnes. Plusieurs événements au cours de la saison. Location et réparation d'équipement de glisse. Restauration, hébergement en auberge et condos sur place.

SKI DE FOND

CENTRE DE SKI DE FOND
MONT-TREMBLANT

539, chemin Saint-Bernard, Mont-Tremblant
819-425-5588
www.skidefondmont-tremblant.com

Ouvert tous les jours en saison de 9h à 16h. 15$ par jour (ski de fond), 9$ (raquette). Location d'équipement. Le centre de ski de fond Mont-Tremblant qui abrite le domaine Saint-Bernard (principal accès au réseau de pistes) est en passe de devenir l'un des plus grands au Canada. En effet, son territoire de 25 km² offre un parcours de 68 km de sentiers de pas classiques, 52 km de sentiers de pas de patin, et 18 km de sentiers de raquette. École de ski, hébergement en refuge ou tipi, casse-croûte santé. Forfaits disponibles.

PARC NATIONAL
DU MONT-TREMBLANT

Chemin du Lac-Supérieur, Lac-Supérieur
819-688-2281
Réservations Sépaq 1 800-665-6527
www.sepaq.com/pq/mot/fr/

Raquette et ski de fond : secteurs de la Diable et de la Pimbina. Accès quotidien adulte : 3,50$, enfant : 1,50$, gratuit pour les enfants de 5 ans et moins. Tarifs groupes et familles disponibles. Ce grand parc (voir escapade qui lui est consacrée) est un véritable paradis pour le ski de fond et la raquette. Les pistes mènent à des sommets avec des vues superbes et à des lacs majestueux. Il est possible de faire une longue randonnée et de passer la nuit dans un des sept refuges rustiques du parc. Dans ce cas, il faut apporter son matériel pour la nuit (matelas de sol, sac de couchage, de quoi faire le repas, etc.).

Circuit nature dans les Laurentides

Voici une sélection d'adresses et d'activités dont vous pourrez profiter loin des foules. À compléter avec un tour au parc national du Mont-Tremblant.

HÉBERGEMENT

GÎTE ET JARDINS DE L'ACHILLÉE MILLEFEUILLE

4352, route des Tulipes, La Conception
819-686-9187 / 1 877-686-9187
www.millefeuille.ca

Gîte ouvert à l'année, camping (tente et tipi) ouvert de mai à octobre. 99 $–139 $ en occupation double au gîte, superbe petit déjeuner inclus. À seulement 15 min de Mont-Tremblant, venez profiter de cette halte-santé, très différente des grands hôtels et autres méga-équipements de la fameuse station de ski. Ici, c'est vraiment la campagne, entretenue et protégée par Monique et Claude, des amoureux de la nature. Rien qu'à voir leurs jardins bios et leur maison construite en bois rond, on saisit l'importance qu'ils attachent à la protection de l'environnement. À tel point que leur auberge a été l'une des premières du Québec à être certifiée bio. Vous ne raterez surtout pas le superbe petit déjeuner, très copieux. En été, vous aurez même droit à une fleur du jardin ! Après ce festin, vous pourrez faire du canot sur la Rivière rouge, pédaler sur le chemin du P'tit train du Nord ou encore marcher dans le parc national. Toutes les informations nécessaires vous seront fournies au gîte.

ACTIVITÉS

CENTRE TOURISTIQUE ET ÉDUCATIF DES LAURENTIDES

5000, chemin du Lac Caribou,
Saint-Faustin-Lac-Carré
819-326-9072 / 1 866-326-9072
www.ctel.ca

De mai à mi-octobre. Adulte : 5,50 $, aîné : 4,50 $, étudiant : 3,50 $, 6-12 ans : 2,50 $, 5 ans et moins : gratuit, famille : 14 $. On vous accueille à ce centre de la nature pour profiter des activités de plein air : randonnée (36 km de sentiers), pêche, camping, canot-camping, location d'embarcations nautiques, randonnées guidées avec naturalistes et rallye en nature. Sur un même territoire, retrouvez tous les attraits naturels de la faune et la flore laurentienne, avec ses forêts, lacs et montagnes.

CENTRE NAUTIQUE PIERRE PLOUFFE

2900, chemin du Village, Mont-Tremblant
819-681-5634 / 1 888-681-5634
www.tremblantnautique.com

Ouvert de mai à octobre. Le champion canadien de ski nautique Pierre Plouffe et son équipe vous attendent pour profiter des joies des eaux du lac Tremblant. On y loue des embarcations, motorisées ou non, et des cours sont offerts pour les adultes et les enfants.

GÎTE ET JARDINS DE L'ACHILLÉE MILLEFEUILLE © NRL

Que ce soit en pédalo, en canot, en kayak, en vélo planche, en chaloupe, ou en bateau à moteur, profitez des paysages enchanteurs qui bordent la rive. Pour ceux qui aiment les sensations fortes, essayez le ski nautique ou le wakeboard.

LE PARC LINÉAIRE « LE P'TIT TRAIN DU NORD »

www.laurentides.com/parclineaire/

Plus de 230 km de piste cyclable relient Saint-Jérôme à Mont Laurier. Une fabuleuse randonnée pour découvrir les forets et les lacs de la région, sans trop de relief !

RANCH MONT-TREMBLANT

710, chemin Val-des-Lacs, Val-des-Lacs
819-326-7654
www.ranchtremblant.com
Ouvert à l'année. Le ranch Mont-Tremblant, situé à Val-des-Lacs à 30 min de Mont-Tremblant, propose des randonnées d'une ou plusieurs journées en forêt ou en montagne avec un guide expérimenté. Il est possible de jumeler les activités de glissade, de raquette et de pêche aux randonnées équestres. Hébergement sur place disponible.

FROMAGERIE DU P'TIT TRAIN DU NORD

624, Albiny-Paquette, Mont-Laurier
819-623-2250 / 1 866-816-4957
www.fromagerieptittraindunord.com
Dans les Laurentides, le P'tit train du Nord propose plusieurs fromages dont le Curé Labelle et le Windigo. Le premier est de type reblochon à pâte demi-ferme et à croûte lavée. Le second est vraiment un produit régional dans la mesure où il incorpore dans sa fabrication un hydromel de la région, la cuvée du Diable, produit par la ferme apicole Desrochers. Des mariages subtils entre les productions de passionnés de la région.

Activités quatre saisons au parc national du Mont-Tremblant

Été comme hiver, les lacs et les sommets du Parc national du Mont-Tremblant vous laisseront des souvenirs inoubliables.

Lac Monroe © Sépaq - Michel Chartrand

station Tremblant (versant sud à l'année, versant nord en hiver). Le parc national du Mont-Tremblant est le plus grand parc du Québec (1 510 km²) et le premier à avoir été créé. On y découvre un immense univers de lacs (400), rivières (6), chutes, cascades et montagnes où la faune vit en toute liberté. Vous y trouverez un large choix d'activités en toutes saisons qui vous permet de plonger dans l'intimité de la nature des Laurentides. Les paysages sont majestueux. Une beauté sauvage que l'on ne cesse d'admirer.

PARC NATIONAL DU MONT-TREMBLANT

Chemin du Lac-Supérieur,
Lac-Supérieur | 819-688-2281
Réservations Sépaq 1 800-665-6527
www.sepaq.com/pq/mot/fr/
Ouvert à l'année. Accès quotidien adulte : 3,50 $, enfant : 1,50 $, gratuit pour les enfants de 5 ans et moins. Tarifs groupe et famille disponibles. Postes d'accueil : secteur de la Diable (poste d'accueil de la Diable de mi-mai à mi-octobre, centre de services du Lac-Monroe à l'année), secteur de la Pimbina (poste d'accueil de Saint-Donat dans Lanaudière, de mi-mai à mi-octobre et de mi-décembre à fin mars), secteur de l'Assomption (poste d'accueil de Saint-Côme de mi-mai à mi-octobre), territoire de la Cachée (poste d'accueil de la Cachée de mi-juin à septembre),

Hébergement sur place : 11 chalets de villégiature (capacité de 2 à 8 personnes), 9 yourtes, 11 refuges, camping aménagé (plus de 1 000 emplacements), tentes-roulottes et tentes Huttopia.

ACTIVITÉS

EN ÉTÉ :

+ **Baignade** dans un des nombreux lacs
+ **Canot :** sur un lac ou sur

Découvrez la nouvelle Via Ferrata du Diable

www.sepaq.com/pq/mot/fr/viaferrata.html | 1 800-665-6527

Ouvert de mi-juin à mi-octobre. Secteur de la Diable. Longueur totale : 1 km, 3 niveaux de difficultés. Trois forfaits disponibles. Inaugurée à l'été 2008, cette nouvelle activité est des plus ludiques. Avec l'aide d'un guide professionnel ou en pratique libre, vous êtes invité à franchir diverses sortes de ponts et de passerelles et à escalader la paroi rocheuse de la Vache Noire. Au sommet, vous aurez droit à une merveilleuse vue sur la rivière La Diable.

les méandres de la Diable (location de canots sur place)

+ **Canot-camping :** on conseille la Diable et l'Assomption. Plusieurs lacs offrent aussi de belles options.
+ **Pêche :** permis de pêche du Québec et droits d'accès obligatoires. On pêche surtout l'omble de fontaine et le grand brochet
+ **Randonnée pédestre :** vaste réseau de sentiers, tous niveaux.
+ Réseau de 82 km pour la **longue randonnée** avec nuit en refuge
+ **Randonnée à bicyclette :** 7 circuits totalisant 62 km

EN HIVER :

+ **Raquette :** sentiers nombreux
+ **Ski de fond :** de très belles pistes, bien entretenues
+ **Ski nordique :** réseau de 112 km non damés
+ **Randonnée pédestre** sur neige : 6 km autour du lac Monroe

HÉBERGEMENT DANS LES ENVIRONS

AUBERGE INTERNATIONALE DE MONT-TREMBLANT HI

2213, chemin du Village
819-425-6008 / 1 866-425-6008
www.hostellingtremblant.com

Ouvert à l'année. Dortoir : 24,75 $-28,75 $. Chambre privée : 63,75 $-71,75 $. Forfaits disponibles. Petit-déjeuner : 5,50 $. Salles de bain partagées. Cuisine équipée, café-bar avec foyer, salon avec télévision, terrasse, stationnement, Internet sans fil. Située au cœur du vieux village Mont-Tremblant et à proximité de la piste du P'tit train du Nord, l'auberge propose de nombreuses activités en toute saison : baignade, canot, pédalo, feu de camp dans le tipi, forfaits de ski, location de vélos et raquettes, etc. Navette toutes les heures pour la station. N'oubliez votre carte membre HI (FUAJ) ou ISIC pour bénéficier du tarif réduit.

SUNSTAR TREMBLANT

819-425-8681
Sans frais : 1 888-221-1411
www.tremblantsunstar.com

Sunstar vous permet d'organiser au mieux vos vacances sans perdre de temps. En fonction du nombre de personnes, du lieu où vous souhaitez séjourner (village ou montagne) et du type d'hébergement voulu (condo ou chalets), l'équipe de Sunstar trouvera ce qui vous convient. Le site Internet contient une grande sélection de condos et de chalets. Une bonne façon de voir la qualité des services proposés.

Profiter du mont Saint-Sauveur

Le mont Saint-Sauveur, très proche de Montréal, regorge d'activités à faire été comme hiver. Il est l'avant-poste de la région des lieux de villégiature, le lieu de rencontre des skieurs en hiver (capitale du ski alpin nocturne, avec un grand nombre de pistes éclairées) et le plus animé des villages laurentiens. L'animation de la rue Principale séduit et bouillonne d'activités (festivals, théâtre et bars) la nuit tombée. Plusieurs galeries d'art et de jolies maisons d'époque attireront votre attention le long de vos promenades dans la rue Principale et la rue de la Gare. Dépaysement garanti !

HÉBERGEMENT

HÔTEL SAINT-SAUVEUR
570, chemin des Frênes, Piedmont
450-227-1800 – 1 866-547-1800
www.hotelstsauveur.ca

Loft à partir de 99 $, studios à partir de 139 $, suites à partir de 149 $. 41 unités. Forfaits disponibles. Cet hôtel. qui vient de changer de nom (il était connu comme le Loftboutiques), est une destination vacances par excellence à quelques pas de la station de ski. Ses lofts, studios et suites sont décorés avec goût et ont tous un foyer et la climatisation. Le tout est pratique et fonctionnel. Les studios et suites ont des cuisines entièrement équipées. Beaux meubles en bois.

ACTIVITÉS TOUTES SAISONS

Le Québec vit à l'heure des **Factory Outlets,** ces centres commerciaux à prix réduits qui viennent des États-Unis et fonctionnent, paraît-il, sans l'intermédiaire du fournisseur. Vous trouverez deux centres de factoreries à l'entrée du village de Saint-Sauveur, sur votre droite. Les produits (vêtements, chaussures, cosmétiques, articles d'hygiène, etc.) sont en principe moins chers que dans les grandes villes.

CIRCUITS GUIDÉS
450-227-6664
www.tourisme-laurentides.ca

À bord d'un minibus de luxe, qui vient vous chercher à la porte de l'hôtel, visitez les attraits de la région. Plusieurs circuits sont proposés : agrotourisme, sports nautiques, croisière, équitation, randonnée en motoneige, pêche blanche, soirée nocturne en raquette, etc.

OFURO SPA
777, chemin Saint-Adolphe, Morin-Heights
450 226 2442 – 1 877 884 2442
www.spaofuro.com

Lundi-jeudi : 11h-20h; vendredi-dimanche : 10h-21h. Réservation requise. Consultez le site Internet pour connaître la gamme des tarifs. Nombreux forfaits disponibles. Le site, inspiré de la tradition japonaise, est une oasis de détente et de paix. Été comme hiver, vous y reposerez votre corps et votre esprit dans un cadre enchanteur : thermothérapie, soins corporels et d'esthétique… Pour prolonger l'expérience, cinq chambres décorées soigneusement vous attendent du mercredi au dimanche.

AU PRINTEMPS

CABANE À SUCRE ARTHUR RAYMOND

430, chemin Avila, Piedmont
450-224-2569
www.cabanearthurraymond.com

Près de Saint-Sauveur, sortie 58 de l'autoroute 15. Ouvert de fin février à fin avril, tous les jours de 11h à 20h. La cabane à sucre Arthur Raymond est située en plein bois, sur la colline. Les enfants l'adorent. Repas avec animation, musique folklorique, vente de produits tirés de l'érable, sentiers pédestres.

EN ÉTÉ

PARC AQUATIQUE DU MONT-SAINT-SAUVEUR

330, Saint-Denis
450-227-4671
www.parcaquatique.com

Suivre les indications à partir de la sortie 60 de l'autoroute 15. Juin à septembre : lun-dim, 11h-17h (jusqu'à 19h de mi-juin à mi-août). Piscine-spa ouverte jusqu'à l'Action de Grâces si la météo le permet. Droits d'entrée et forfaits disponibles. En été, les pistes de ski laissent la place à des activités aquatiques. Les enfants et les adultes apprécieront les glissades d'eau (toboggans). Piscines à vagues et circuits d'eau en tout genre dans la montagne. Cours de surf. Animations pour les enfants. Bar-terrasse, restaurants et table de pique-nique. Boutique de maillots de bain, t-shirts, lunettes de soleil, etc.

THÉÂTRE D'ÉTÉ DE SAINT-SAUVEUR

22, rue Claude
450-227-8466 / 514-990-4343
www.theatrestsauveur.com

Ouvert de mi-juin à septembre. Représentations : mercredi-vendredi : 20h30 ; samedi : 16h (à confirmer) et 20h30. Billets : 38$ à 39$. Forfaits disponibles. Depuis les années 1970, ce théâtre d'été présente des pièces originales et plus souvent qu'autrement hilarantes. Récipiendaire de plusieurs prix, attendez-vous à une soirée des plus agréables dans ce théâtre de grand renom. Salle à manger sur place.

EN HIVER

STATION DE SKI MONT-SAINT-SAUVEUR

350, Saint-Denis
450-227-4671
www.mssi.ca

Sorties 58 ou 60, autoroute 15 Nord. Lun-jeu, 9h-22h ; ven, 9h-22h30 ; sam, 8h30-22h30 ; dim, 8h30-22h. Horaire spécial pendant la période des Fêtes. Tarifs pour bloc de 4 heures, la journée et la soirée. Billets multi-jours (2 à 5 jours consécutifs). 38 pistes, 213 m de dénivellation, ski de soirée (30 pistes éclairées), 8 remontées mécaniques, snowpark, glissade sur tube et rafting sur neige. Achat, location et réparation d'équipement de glisse. Bars, restaurants, garderie.

GLISSADES DES PAYS-D'EN-HAUT

440, chemin Avila, Piedmont
450-224-4014 / 1 800-668-7951
www.cesttrippant.com

Sortie 58, autoroute 15 Nord. Ouvert de décembre à mi-mars. Lun-jeu, 9h-17h ; ven-sam, 9h-22h ; dim, 9h-20h. Horaire spécial pendant la période des Fêtes et la semaine de Relâche. Tarifs variables selon la durée de la visite (tubes, tubes et rafting). Les glissades (toboggans) des Pays-d'en-Haut offrent 35 pistes de glissades et rafting des neiges. 15 km de descente, 8 000 remontées mécaniques à l'heure, 1 télésiège et 1 télérafting.

Séjour d'été ou d'automne au parc national de la Mauricie

Le parc national de la Mauricie est l'un de plus beaux endroits pour observer les couleurs des feuilles d'automne, mais aussi pour profiter des joies du plein air à l'année longue. En été, c'est le paradis du canot et de la randonnée. Les auberges des environs en font une destination des plus agréables pour une fin de semaine.

PARC NATIONAL DU CANADA DE LA MAURICIE

À 20 km de Grand-Mère et de Shawinigan
819-538-3232 / 1 888 773 8888
www.pc.gc.ca/mauricie
Ouvert à l'année. Postes d'accueil (fermés de mi-octobre à mai) : à l'ouest, à Saint-Mathieu (sortie 217 de la 55 en direction de Saint-Gérard-des-Laurentides); à l'est, à Saint-Jean-des-Piles (sortie 226 de la 55). Adulte : 7,80 $, aîné : 6,80 $, 6-16 ans : 3,90 $, famille : 19,60 $. C'est un territoire sauvage de lacs et de forêts de 536 km², au cœur des Laurentides. Feuillus et résineux couvrent des collines arrondies de 350 m de hauteur tout au plus. Indiens, coureurs des bois et bûcherons ont toujours parcouru cette région, attirés par ses richesses naturelles. La route panoramique de 70 km qui serpente à travers la forêt et les rochers de granit rose du bouclier laurentien relie les deux points d'accès du parc. Elle longe, sur 16 km, le lac Wapizagonke, longue et étroite étendue d'eau filiforme, avant de conduire au belvédère du Passage, puis au lac Édouard qui offre une ravissante plage de sable fin aménagée pour la baignade et le pique-nique. Derrière l'accueil de l'entrée ouest du parc, la vue sur la rivière Saint-Maurice est magnifique.

Hébergement sur place : camping aménagé et rustique (3 campings, 1 877-737-3783).

Activités : canot-camping (location sur place), canot rabaska, baignade, pêche, randonnée pédestre, croisière sur le Saint-Maurice. En hiver, ski de fond, raquettes, camping (seulement au secteur de la Rivière-à-la-Pêche).

HÉBERGEMENT

AUBERGE LE FLORES

4291, 50e Avenue, Sainte-Flore-de-Grand-Mère
819-538-9340 / 1 800-538-9340
www.leflores.com
Occupation simple ou double : à partir de 104 $. 34 chambres. Nombreux forfaits disponibles. L'Auberge Le Florès vous accueille à la campagne dans un cadre champêtre et romantique. Les chambres sont joliment décorées avec des meubles anciens. Table gastronomique réputée. Bar-terrasse, soins santé, piscine, jardin.

AUBERGE REFUGE DU TRAPPEUR

2120, Saint-François, Saint-Mathieu-du-Parc
819-532-2600 / 1 866-356-2600
www.bonjourmauricie.com

À partir de 73,50$ par nuit en auberge, 25$ en tipi, 60$ en refuge, 350$ pour 2 nuits en chalet. Forfaits disponibles. Une auberge située dans un endroit formidable. D'abord, parce que l'entrée du parc de la Mauricie se trouve à 500 mètres seulement ! Ensuite, parce que l'auberge se situe dans un grand site qui rend hommage aux onze nations autochtones du Québec. On pourra visiter, en compagnie d'un guide, une maison longue et d'autres installations traditionnelles. L'auberge organise également des soirées d'observation de l'ours noir, de l'orignal et du castor, ainsi que de nombreuses excursions de plein air guidées en toute saison (canot, traîneau à chiens, raquette, etc.)

À VISITER DANS LES ENVIRONS

GRANDES -PILES

À 17 km de Grand-Mère. Ce village servait au transbordement du bois. Son nom lui vient de ses rochers en forme de piliers que l'on voit dans les chutes d'eau, au sud du village. Le musée du Bûcheron vaut le détour. *(780, route 155, 819-538-7895 / 1 877-338-7895. Ouvert de mi-juin à mi-septembre, tous les jours de 10h30 à 18h. www.museedubucheronlespiles.com).* C'est la reconstitution d'un vrai camp de bûcherons québécois du début du siècle. Les vingt-cinq bâtiments en rondins et l'ameublement rustique recréent les rudes conditions de vie de ces pionniers. Ne manquez pas l'office, le camp, la limerie, la cache, l'écurie, la forge, la tour des garde-feux et la cookerie, c'est-à-dire la cuisine, où vous pourrez prendre un repas typique de chantier.

AVIATION MAURICIE

5460, Tour du Lac, Aéroport de Lac-à-la-Tortue
819-538-6454 / 1 866-787-8657
www.aviationmauricie.com

Ouvert à l'année. Réservation recommandée. Survol en hydravion de la majestueuse vallée du Saint-Maurice, ses nombreux grands lacs et vastes forêts. Une expérience inoubliable et à prix très abordable. Restaurant à l'hydrobase de Lac-à-la-Tortue.

RÉSERVE FAUNIQUE DU SAINT-MAURICE

3773, route 155 | (819) 646 5687
Réservations Sépaq 1 800 665 6527
www.sepaq.com/rf/stm/fr/

Poste d'accueil : Trois-Rives, sur la rive est de la rivière Saint-Maurice, à 2 km au sud du pont qui enjambe la rivière. La réserve faunique du Saint-Maurice (784 km^2) est un havre naturel et sauvage parsemé de nombreux cours d'eau (245 lacs et 8 rivières) où abonde la faune aquatique et terrestre. Elle offre un excellent potentiel de loisirs pour les pêcheurs et les chasseurs sportifs.

CENTRE D'AVENTURE MATTAWIN : NOUVELLE AVENTURE

3911, route 155, Rivière-Matawin
819-646-9006 / 1 800-815-7238
www.nouvelleaventure.qc.ca

Ce centre d'aventure offre des programmes de plein air où l'accent est mis sur la descente de rivières en kayak, rafting ou hydroluge. Possibilité aussi de faire des sorties en escalade, du canyoning à la rivière Dunbar, de la randonnée pédestre, du vélo de montagne ou du kayak de mer, ainsi que des expéditions de 1 à 14 jours avec guides expérimentés. L'hiver fait place à des activités de motoneige et de traineau à chiens. Sur le site, on retrouve de l'hébergement en camping ou auberge. Forfaits à la carte disponibles.

Sur les traces du passé de Trois-Rivières

Fondée en 1634 par Laviolette, la capitale de la Mauricie-Bois-Francs vient de célébrer ses 375 ans en 2009. À l'époque de la Nouvelle-France, plusieurs explorateurs vécurent à Trois-Rivières, dont Jean Nicolet et Nicolas Perrot. Cette ville est également le berceau de la famille Duplessis, célèbre grâce à Maurice Duplessis, qui fut Premier ministre du Québec pendant dix-huit ans, de 1936 à 1939 et de 1944 à 1959.

HÉBERGEMENT

MANOIR DEBLOIS

197, Bonaventure
819-373-1090 / 1 800-397-5184
www.manoirdeblois.com
Occupation simple ou double : 79,95$-159,95$. 5 chambres. Petit déjeuner compris. Forfaits disponibles.
Gîte touristique 5 soleils logé dans le quartier historique du vieux Trois-Rivières, le Manoir DeBlois est une demeure érigée en 1828, dont les pièces recèlent un mobilier d'époque. Un cadre d'autrefois mais un confort contemporain car les chambres disposent de l'air climatisé et de la télévision par câble. Ajoutez-y un accueil chaleureux et vous obtiendrez une bien belle étape lors d'une escale trifluvienne.

HÔTEL GOUVERNEUR TROIS-RIVIÈRES

975, rue Hart | 819 379 4550 – 1 888 910 1111
www.gouverneur.com
Occupation double : à partir de 107$. 127 chambres. Forfaits disponibles. Restaurant de cuisine française, piscine extérieure, Internet sans fil gratuit et salle de mise en forme. Établissement de tout confort situé au centre-ville, près de la magnifique promenade du parc portuaire.

RESTAURANTS

LE SACRISTAIN

300, Bonaventure | 819-694-1344
www.lesacristain.com
Lun-ven, 8h-18h. Bien installée dans l'ancienne église wesleyenne, la sandwicherie Le Sacristain offre des repas santé avec une touche d'inspiration méditerranéenne. Le propriétaire des lieux, le français Michel Blot, accorde une grande importance à la qualité des produits offerts mais également à l'aménagement et la décoration de son petit restaurant. Le style de l'ancien lieu de culte est bien conservé, notamment grâce à de magnifiques vitraux restaurés accrochés au plafond.

POIVRE NOIR

1300, du Fleuve | 819-378-5772
www.poivrenoir.com
Ouvert midi et soir du mardi au dimanche. Table d'hôte au midi : 21$. Menu du soir à la carte : 24-38. Menu dégustation 5 services : 85$ (50$ sans le vin). Bar & lounge, terrasse donnant sur le fleuve. Au cœur du parc portuaire, les yeux

T-Rès MUSÉE

T-Rès unique

T-Rès FESTIVAL

T-Rès d'

T-Rès Lounge

T-Rès WOW !!

T-Rès pop

T-Rès Fantastique

T-Rès Dolce

T-Rès CAFÉ

T-Rès Gîte

T-Rès COOL

T-Rès du Fleuve

T-Rès JOLIE

T-Rès EXOTIQUE

T-Rès CENTRE-VILLE

T-Rès OUVERT

T-Rès Trois-Rivières

trestroisrivieres.com

Avec l'appui financier de l'patrimoine canadien par le ais de Capitales culturelles du Canada.

 Canada

375 TROIS-RIVIÈRES 1634 2009

2009 Capitale Culturel Culturelle Capital du Canada of Canada

Tourisme Trois-Rivières
une division de la Société de développement
économique de Trois-Rivières (CLD)

Carte musées
de Trois-Rivières

« UNE CARTE FUTÉE – UN PRIX MALIN »
Elle vous donne accès aux principaux attraits de la ville, dont la Vieille Prison, le Musée québécois de culture populaire, le tour de ville et le Site historique national du Canada des Forges-du-Saint-Maurice. Le tout pour 20 $, taxes incluses. Valide de la mi-mai à la mi-octobre.

sur le fleuve, le Poivre Noir offre une cuisine d'inspiration française aux saveurs du monde. Les recettes sortent, pour la plupart, de l'imagination du jeune chef José Pierre Durand, et sont composées avec les meilleurs ingrédients, ce qui donne un charme si singulier au menu. Vous découvrirez qu'une grande attention a été prêtée aux accords des mets et des vins, et c'est particulièrement bien réussi. Le cadre est d'une rare élégance, les œuvres qui décorent les murs faisant ressortir le mobilier moderne et distingué. Sans nul doute la meilleure table en ville.

VISITER

BORÉALIS, CENTRE D'HISTOIRE DE L'INDUSTRIE PAPETIÈRE
Sortie 201 de l'autoroute 40
(suivre les indications touristiques)
819 372 4633 | www.borealis3r.ca
Ouvert tous les jours de 10h à 18h (jusqu'à 17h et fermé le lundi en hiver). Adulte : 9 $, étudiant, aîné et enfant : 6 $. Durée : environ 2h. Tout nouveau tout beau, situé au confluent de la rivière Saint-Maurice et du fleuve Saint-Laurent, le complexe Boréalis présente des expositions de calibre international sur l'industrie papetière de la région, symbole de la prospérité économique mauricienne. Autres activités et services sur le site : tour

d'observation, catacombes génératrices d'émotions fortes (!), boutique, service de restauration, terrasse.

CROISIÈRES M/S JACQUES-CARTIER ET M/V LE DRAVEUR
1515, rue du Fleuve
819 375 3000 – 1 800 567 3737
www.croisieres.qc.ca
Découvrez le paysage mauricien en longeant les rives du Saint-Laurent et du Saint-Maurice, une heure trente minutes ou une journée de croisière vers les îles de Sorel, la rivière Richelieu, le Cap-Santé, Québec, l'Isle-aux-Coudres, Saguenay…).

PARC PORTUAIRE
La promenade sur la terrasse Turcotte en bordure du Saint-Laurent offre de magnifiques points de vue sur le fleuve, le port et le pont Laviolette. C'est aussi le lieu de départ et d'arrivée des bateaux de croisière.

LA RUE DES FORGES
Animée de restaurants et de boutiques, elle relie le port au parc Champlain, square agrémenté de bassins et d'arbres qu'encadrent les structures de béton ultramodernes du centre culturel et de l'hôtel de ville. Le centre culturel, qui fut construit en 1967 pour fêter le centenaire de la Confédération canadienne, abrite un théâtre,

Animation rue des Forges, Centre-ville © ATR Mauricie

une bibliothèque et une galerie d'art. Dans le square s'élève la statue de Benjamin Sulte (1841-1923), historien renommé du Canada français. De l'autre côté du square se dresse la cathédrale dotée d'un clocher recouvert de cuivre, monument d'inspiration gothique avec des éléments de style Westminster. À l'intérieur, on remarquera les vitraux, réalisés en 1923, par Guido Nincheri, d'origine florentine.

MUSÉE QUÉBÉCOIS DE CULTURE POPULAIRE ET L'EX-PRISON

200, Laviolette | 819 372-0406
www.culturepop.qc.ca
www.enprison.com

Du 24 juin à la Fête du Travail : lun-dim, 10h-18h. Le reste de l'année : mar-dim, 10h-17h. Adulte : 9$, aîné : 8$, étudiant : 7$, 5-17 ans : 5$, famille : 11-22. Forfait prison-musée disponible. Le Musée québécois de culture populaire vous ouvre les portes de la vieille prison de Trois-Rivières; construite en 1822 par François Baillairgé, elle constitue le meilleur exemple du style palladien au Québec. D'anciens détenus vous font découvrir l'univers carcéral des années 1960. Visite guidée de l'intérieur de la prison (état original des cellules, chapelle, aire commune, parloir, cachots). Le musée abrite également des expositions sur l'art et la culture québécois. Une salle est dédiée exclusivement aux enfants (www.culturepop.qc.ca). C'est dans la charmante rue des Ursulines que vous verrez les constructions les plus anciennes de la ville, épargnées par l'incendie de 1908.

D'AUTRES IDÉES POUR DÉCOUVRIR TROIS-RIVIÈRES :

+ Tour de ville pédestre avec guide historique.
+ Tour de peur avec Les Barbares Obliques.
+ Circuit thématique. Promenade de la poésie.
+ Informations disponibles à l'office du tourisme.

Remonter la vallée du Richelieu

En longeant la vallée du Richelieu, riche en histoire et en architecture patrimoniale, vous découvrirez de magnifiques villages pittoresques : Saint-Charles, Saint-Denis, Saint-Marc, Saint-Antoine, Saint-Ours et Calixa-Lavallée. Le Vieux-Beloeil et le Vieux-Saint-Hilaire sont aussi à découvrir.

+ En savoir plus : www.vallee-du-richelieu.ca

SAINT-MARC-SUR-RICHELIEU

HÉBERGEMENT / RESTAURANT

AUBERGE HANDFIELD & SPA
555, Richelieu
450-584-2226 / 1 800-361-6162
www.aubergehandfield.com

Occupation simple : 159 $, occupation double : 220 $, incluant le souper table d'hôte et le petit déjeuner. 39 chambres. Forfaits disponibles. Salle de conditionnement physique, piscine extérieure, centre de santé, marina avec services, restaurant, bar-terrasse. Cette auberge de charme accueille des visiteurs depuis plus de 60 ans et les lieux restent fort populaires. Les chambres, réparties dans une dizaine de pavillons, marient luxe, confort et décoration rustique et raffinée. La table de l'auberge est réputée et propose une cuisine du terroir, sans oublier le fameux brunch du dimanche. L'auberge possède également une cabane à sucre d'antan qui fera le bonheur de tous à la fin de l'hiver (ouverte à l'année sur réservation de groupes). Pour les moments de dorlotement, le Spa Les Thermes vous convie à des soins de massothérapie, d'algothérapie, d'hydrothérapie et d'esthétique.

MONT-SAINT-HILAIRE

PLEIN AIR

CENTRE DE LA NATURE DU MONT SAINT-HILAIRE
422, chemin des Moulins
450-467-1755
www.centrenature.qc.ca

Site et accueil ouverts à l'année (horaire variable selon la saison). Adulte : 5 $, aîné : 4 $, 6-17 ans : 2 $. Location d'équipement à l'accueil. Activités spéciales organisées au fi l des saisons. Le mont Saint-Hilaire fut désigné réserve de biosphère en 1978 par l'UNESCO, une première au Canada. Son propriétaire, l'université McGill, s'est engagé à préserver la montagne et effectue des recherches sur place en offrant, par ailleurs, des activités d'éducation et de loisirs. Des sentiers de randonnée permettent de gagner certains sommets du mont d'où se découvre une vue étendue sur la vallée du Richelieu, le Saint-Laurent et Montréal. C'est aussi un lieu idéal pour la pratique du ski de fond et

Centre de la nature du Mont Saint-Hilaire ©NRL

de la raquette en hiver. Par curiosité, si vous rencontrez quelqu'un venant de la région, demandez-lui quelques légendes sur le mon, certaines vous feront frissonner !

CHAMBLY

RESTAURANT

FOURQUET FOURCHETTE
1887, Bourgogne
450-447-6370 / 1 888-447-6370
www.fourquet-fourchette.com
Septembre à mi-mai : lun-jeu : groupes seulement sur réservation ; ven-sam : de 11h à la fermeture ; dim : de 11h (brunch) à la fermeture. Mi-mai à septembre : lun-sam : de 11h30 à la fermeture ; dim : de 11h (brunch) à la fermeture. Table d'hôte du midi de 10$ à 20$, du soir de 22,95$ à 34,95$. Terrasse. Près du Fort de Chambly, les eaux vives du bassin de la rivière Richelieu qui s'ébrouent devant la terrasse donnent le ton à cet établissement où la bière coule à flot. Les convives deviennent des découvreurs et s'initient à la cervoise Unibroue, qui se retrouve dans plusieurs plats de cette gastronomie du terroir québécois et amérindien. En mangeant, il peut arriver que des troubadours se joignent à la partie. Les lieux sont divisés en trois salles : la « Jean-Talon », la salle à manger principale de 160 places, la taverne « La Chasse-Galerie », et la salle privée « L'Abbaye » avec colonnes et voûtes en ogives. Boutique du terroir et mets à emporter.

VISITER

LIEU HISTORIQUE NATIONAL DU CANADA DU FORT-CHAMBLY
2, de Richelieu
450-658-1585 / 1 888-773-8888
www.pc.gc.ca/canalchambly
Avril à mi-mai et septembre à fin octobre : mer-dim, 10h-17h. Mi-mai à septembre : lun-dim, 10h-17h (jusqu'à 18h de fin juin à septembre). Adulte : 5,65$, aîné : 4,90$, jeune : 2,90$, famille : 14,20$. Le Fort Chambly représente un intéressant vestige de la présence française. Restauré après avoir été laissé à l'abandon durant de nombreuses années, ce fort a été construit par les Français en 1709, au pied des rapides de la rivière Richelieu, voie d'eau reliant Montréal à New York. Inspiré des principes de fortifications à la Vauban, il attendait de pied ferme les attaquants des colonies anglaises. Une exposition y présente la vie des soldats et des habitants vers 1750. Les week-ends, vous pouvez assister à des tirs de mousquets et les dimanches de juillet et août, des personnages et artisans vous feront revivre l'époque de la Nouvelle-France.

La route des cidres en Montérégie

Ce parcours voŭs emmène à la découverte d'une sélection de producteurs artisanaux spécialisés dans le cidre sous toutes ses déclinaisons.

Pour obtenir plus d'informations, et notamment la carte complète du parcours, consulter le site www.tm-routedescidres. qc.ca ou téléphoner au 450-466-4666 / 1 866-469-0069.

MONT-SAINT-HILAIRE

LES VERGERS PETIT ET FILS

1020, chemin de la Montagne
450-467-9926
www.auxvergerspetit.com

Janvier à avril : ven-dim, 9h-17h. Mai à janvier : lun-dim, 9h-17h. Visite et dégustation gratuites. Restaurant Crêperie Champêtre (tous les week-ends à l'année de 9h à 15h), auto-cueillette de pomme, produits transformés. Producteur de cidres de glace et mousseux. Des activités sont prévues pour les enfants dont balade en tracteur, labyrinthe géant et parc d'amusement. Toutes les activités sont gratuites lors de l'auto-cueillette. La pomme a inspiré aux propriétaires de nombreuses fantaisies culinaires que vous pourrez trouver dans la boutique : pâtisseries, tartes, confitures…

ROUGEMONT

CIDRERIE MICHEL JODOIN

1130, rang de la Petite Caroline
450-469-2676 / 1 888-469-2676
www.cidrerie-michel-jodoin.qc.ca

Ouvert à l'année : lun-ven, 9h-17h; sam-dim, 10h-16h. Cidriculteur : Michel Jodoin. Visite et dégustation gratuites (4$ par personne pour les groupes).

Particularité : première micro distillerie de pommes au Canada. Production d'alcools de pommes : Calijo, Pom de Vie, Fine Caroline.

LA CIDRERIE DU VILLAGE

509, Principale
450-469-3945
www.lacidrerieduvillage.qc.ca

Mai à décembre : lun-ven, 9h-17h; sam-dim, 10h-17h. Décembre à mai : sur rendez-vous. Cidriculteurs : famille Dubé. Visite et dégustation gratuites (3$ par personne, en groupe de 5 et plus, sur réservation). Particularité : cidre artisanal, cidre apéritif de glace, jus de pomme naturel et pétillant, vinaigre, gelée, tire, sirop, tarte, ketchup. Auto-cueillette. Balade dans les vergers.

MONT-SAINT-GRÉGOIRE

CIDRERIE VERGER LÉO BOUTIN

710, rang de la Montagne
450-346-3326 | www.vergerboutin.com

Ouvert à l'année, tous les jours de 9h à 18h. Auto-cueillette, visite guidée et dégustation de 5$ à 9$. Repas champêtre pour les groupes. Cidres médaillés. À déguster : le cidre fruité au cassis, à la canneberge et aux prunes. Produits du terroir : garnitures, gelées, beurre, tire, sirop, jus et vinaigre de pomme. Chocolaterie artisanale, auto-cueillette, mini-ferme, aire de pique-nique et jeux.

Journées crêpes et cidres

En mai. Un parcours divisé en 13 étapes pour découvrir la Montérégie et ses producteurs de cidre. Au menu, visites des cidreries, dégustations gratuites de leur produit accompagné de crêpes, le tout alimenté par nombre d'animations pour toute la famille. Un événement d'envergure qui fête la pomme !

HEMMINGFORD

CIDRERIE DU MINOT
376, chemin Covey Hill
450-247-3111 / 514-990-7096
www.duminot.com

D'avril au 24 décembre : lun-dim, 10h-17h. Mi-janvier à avril : lun-ven, 10h-17h. Visite guidée et dégustation gratuites. Particularité : mini-musée consacré aux instruments de production de cidres anciens. Magnifique pressoir breton datant du XIXᵉ siècle. Le Crémant de pomme du Minot possède une excellente réputation. Autres produits : cidres de glace, cidres apéritifs et cidres tranquilles.

LA FACE CACHÉE DE LA POMME
617, route 202 | 450-247-2899, poste 228
www.lafacecachee.com

Boutique ouverte tous les jours de 10h à 18h. Visite guidée et dégustation gratuites, 5$ par personne pour les groupes (sur réservation). Domaine phare de l'élaboration du cidre de glace, la Face Cachée est un nom à retenir dans l'histoire du cidre québécois, notamment grâce à la production de Neige depuis 15 ans déjà.

FRANKLIN

CIDRERIE LA POMMERAIE DU SUROÎT
1385, route 202 | 450-827-2509
www.lapommeraiedusuroit.com

Ouvert tous les week-ends de 9h à 17h, sauf en janvier et en février. Cidre de glace authentique produit de matière artisanale. 2 cidres : le Pommeroy et le Fruit Défendu. Auto-cueillette.

Circuit gourmand en Montérégie

On dit de la Montérégie qu'elle est le « grenier » du Québec à juste titre. Reconnue pour son agriculture, la diversité et la qualité des produits du terroir est fascinante… et savoureuse !

HÉBERGEMENT

HOSTELLERIE LES TROIS TILLEULS ET SPA GIVENCHY

290, Richelieu, Saint-Marc-sur-Richelieu
514-856-7787 / 1 800-263-2230
www.lestroistilleuls.com

Occupation simple : à partir de 150 $, double : à partir de 175 $. 41 chambres et suites. Forfaits disponibles. Piscine intérieure, centre de santé, salle de conditionnement physique, cabine de bronzage, terrains de tennis, galerie d'art, restaurant. Un haut lieu touristique et gastronomique dont la réputation n'est plus à faire. En bordure de la rivière Richelieu, profitez d'un hébergement de luxe à la décoration soignée, d'une table de haute gastronomie membre des Relais & Châteaux, d'un centre de santé offrant toute une gamme de soins pour votre bien-être, le tout dans un site exceptionnel et relaxant.

RESTAURANT

L'OSTÉRIA

914, Laurier, Beloeil | 450-464 7491
www.osteria.montrealplus.ca

Mar-ven, 11h-14h ; dim-ven, 11h-21h ; sam, 17h-22h. Table d'hôte 5 services : 30 $-45 $. Terrasse. En plein cœur du Vieux-Beloeil, et à quelques pas seulement de la rivière Richelieu, une magnifique maison centenaire a vu deux générations de chefs se relayer en cuisine : André Drapeau, fondateur de l'Ostéria, et Rodolphe, son fils, qui a repris le flambeau en 2004. Les plats, préparés avec grand soin, mettent en valeur les viandes de gibier telles que le bison, le caribou, le faisan, l'autruche, la pintade, le loup-marin ou le wapiti. La cave à vins, vous promet également de belles découvertes.

PRODUITS DU TERROIR

LA CABOSSE D'OR

973, Ozias-Leduc, Otterburn Park
450-464-6937 / 514-990-5277
www.lacabossedor.com

Ouvert tous les jours à l'année. Restaurant ouvert jusqu'à 17h tous les jours (par la suite, pour emporter). Centre d'interprétation du chocolat, mini-golf. Depuis plus de 20 ans, Martine et Jean-Paul Crowin confectionnent des chocolats et pâtisseries belges à leur charmante boutique, située au pied du mont Saint-Hilaire. Fidèles aux anciennes règles de préparation du chocolat, ces petites merveilles se présentent sous forme de bonbons, tablettes, fudges, gâteaux, coupes glacées, et autres délices. Le restaurant, avec foyer et terrasse, vous permettra de déguster les produits confectionnés sur place, dans un cadre enchanteur.

LE CIRCUIT DU PAYSAN

Cette route de 194 km sillonne le sud de la région, près de la frontière américaine, et fut la première route signalisée de la Montérégie. Non seulement vous mènera-t-elle dans un décor des plus champêtres mais en plus, elle vous fera découvrir les excellents produits du terroir ainsi que les traditions et l'histoire de cette contrée. Artisans, vignerons, maîtres cidriculteurs, agriculteurs, éleveurs, chefs cuisiniers et aubergistes vous en feront goûter de toutes les couleurs.

Pour plus d'information : www.circuitdupaysan.com. Vous pouvez commander la carte en ligne ou vous la procurer dans l'un des bureaux touristiques de la région.

BRASSERIE SAINT-ANTOINE-ABBÉ

3299, route 209, Saint-Antoine-Abbé (Franklin)
450-826-4609
www.brasserie-saint-antoine-abbe.com

Ouvert à l'année mais téléphonez avant de vous y rendre. Visite guidée sur réservation. La Brasserie Saint-Antoine-Abbé ne produit pas seulement de la bière, c'est également une hydromiellerie (fabrication de vin de miel) et une miellerie. Achats de produits du terroir et resto-bar avec terrasse sur place.

SUCRERIE DE LA MONTAGNE

300, rang Saint-Georges, Rigaud
450 451 0831 | www.sucreriedelamontagne.com
Ouvert à l'année sur réservation. Repas offert le midi et le soir. Hébergement sur place avec ou sans forfait repas. Plus qu'une simple cabane à sucre, c'est un véritable site du patrimoine québécois : Le lieu, une authentique érablière traditionnelle, vous convie à venir déguster un festin du temps des sucres avec animation folklorique. Vous pouvez également visiter la cabane à sucre et la boulangerie en pierre des champs.

AUBERGE HANDFIELD & SPA

555, rue Richelieu, Saint-Marc-sur-Richelieu.
450 584 2226 / 1 800 361 6162
www.aubergehandfield.com

Occupation simple : 159$, occupation double : 220$, incluant le souper table d'hôte et le petit déjeuner. 39 chambres. Forfaits disponibles. Salle de conditionnement physique, piscine extérieure, centre de santé, marina avec services, restaurant, bar-terrasse. Cette auberge de charme accueille des visiteurs depuis plus de 60 ans et les lieux restent fort populaires. Les chambres, réparties dans une dizaine de pavillons, marient luxe, confort et décoration rustique et raffinée. La table de l'auberge est réputée et propose une cuisine du terroir, sans oublier le fameux brunch du dimanche. L'auberge possède également une cabane à sucre d'antan qui fera le bonheur de tous à la fin de l'hiver (ouverte à l'année sur réservation de groupes). Pour les moments de dorlotement, le Spa Les Thermes vous convie à des soins de massothérapie, d'algothérapie, d'hydrothérapie et d'esthétique.

RESTAURANT L'ESPIÈGLE

1834, rue des Cascades Ouest, Saint-Hyacinthe
450 778 1551
www.lespiegle.com

Dimanche-mercredi, 11h-21h; jeudi-samedi, 11h-22h. Menu midi : 9-16. Menu soir : 16-29. Terrasse arrière. Réservation conseillée les week-ends. Charmant bistro, situé dans le Vieux Saint-Hyacinthe, qui propose une cuisine à base de produits régionaux avec un menu diversifié s'adaptant aux arrivages saisonniers. Les spécialités de la maison sont le filet de porc, le saumon et le canard. Ceci dit, l'ensemble du menu est fort tentant et le choix sera difficile. Tant mieux ! Une belle carte de bières locales et d'importation viendra compléter le tout.

Profiter des festivals de Montréal

www.tourisme-montreal.org/Quoi-Faire/Evenements

Ce site Internet, géré par Tourisme Montréal, indique bien les événements qui se déroulent dans la métropole. Cette sélection d'hôtels et de restaurants, à proximité des grands espaces culturels, vous permettra de profiter au mieux des grands festivals.

HÉBERGEMENT

CHÂTEAU DE L'ARGOAT
524, Sherbrooke Est
514-842-2046
www.hotel-chateau-argoat.qc.ca

M° Sherbrooke. Occupation simple : à partir de 80$, occupation double : à partir de 90$, petit déjeuner continental inclus et stationnement gratuit. En plein cœur de Montréal, la façade victorienne de ce charmant hôtel accroche le regard. On y trouve un excellent accueil, 24 chambres et une suite d'un grand confort. Outre leur jolie décoration, certaines chambres sont équipées de bains à remous. Un excellent rapport qualité-prix, et une des adresses préférées des petits futés !

HÔTEL OPUS
10, Sherbrooke Ouest
514-843-6000 / 1 866-744-6346
www.opushotel.com/montreal/french/

M° Sherbrooke. Occupation double : à partir de 209$. Forfaits disponibles. Salle de mise en forme, service de voiturier VIP. Idéalement situé entre le Plateau et le Quartier des spectacles, cet hôtel aux lignes épurées saura séduire ses invités. Sur place, le restaurant-bar KOKO propose une cuisine inspirée d'Asie aux accents contemporains. Durant l'été 2009, la chic terrasse du KOKO fut l'hôte des dimanches Sunset, un tout nouveau concept dominical avec DJs de renom. Espérons que ces soirées seront de retour en 2010… Les mardis, vendredis et samedis soirs, le Suco resto-lounge est la place en ville pour être vu. Un hôtel définitivement très branché !

RESTAURANTS

QUARTIER LATIN

CONFUSION
TAPAS DU MONDE
1635-1637, Saint-Denis | 514-288-2225
www.restaurantconfusion.com

M° Berri UQÀM. Ouvert mar-sam de 11h à minuit, dim-lun 17h-23h. Tapas 5$- 18$, plats 16-29. Menus pour deux de 39-79. TH soir 29$. V, MC, I. Convivialité et partage sont ici à l'honneur. Un vaste choix de tapas à partager, d'inspiration française, grecque, libanaise ou asiatique. On pioche dans la Thalassa (succulents pétoncles à la vanille fumée et tendrissime pieuvre grillée au naturel), la Bouffe snob et ses déclinaisons de foie gras, les Grand crus de tartares et carpaccio de cerf à l'huile de truffe. Les Carnivores

Francofolies © NRL

opteront pour les surprenants pop-corn de ris de veau, ou pour la côte de boeuf, aussi gargantuesque que délicieuse, et les Végétariens pour le tofu en jardinière de légumes. Les menus pour deux sont une aubaine (39 $-79 $) et les solitaires pourront profiter des tables… avec balançoires. Très belle décoration, section lounge, service souriant et efficace.

JULIETTE & CHOCOLAT
1615, Saint-Denis | 514-287-3555
www.julietteetchocolat.com

M° Berri-UQÀM. Ouvert dim-jeu, 11h-23h; ven-sam, 11h-minuit. Le premier bar à chocolat-crêperie très art-déco avec ses boiseries, ses briques apparentes et ses chaises en rotin a eu un succès monstre. À tel point que Juliette a ouvert une deuxième adresse, dans Outremont (377, rue Laurier Ouest, 514-510-5651). C'est le choix de chocolat, sous toutes ses formes qui fait la réputation de Juliette : chocolat chaud ou froid, chocolat à boire alcoolisé, chocolat dans les crêpes, dans les glaces ou en fondues ! On vous propose en plus tout un choix d'appétissantes salades et crêpes salées. En partant, vous pourrez acheter quelques chocolats fait maison, c'est une recommandation.

QUARTIER DES SPECTACLES

CAFÉ DU NOUVEAU MONDE
84, Sainte-Catherine Ouest
514-866-8669 | www.tnm.qc.ca

M° Place-des-Arts. Ouvert lun, 11h30-23h; mar-ven, 11h30-minuit; sam, 12h-minuit. Fermé dimanche. Tout comme le Théâtre du même nom, le café du Nouveau Monde allie modernité et élégance. Le bar, ainsi que le restaurant de la mezzanine, avec leurs belles tables en bois, les ardoises présentant le menu du jour, et l'agréable musique d'ambiance ravissent les artistes et leurs amis. La variété et la qualité des mets proposés donnent à ce restaurant une allure de bistro français. La carte du bar, disponible jusqu'à 20h, offre des encas originaux tels que les rillettes de canard, avec chutney de poires ou encore un bouquet de laitues fines à l'huile de noix. À partir de 20h et jusqu'à minuit une table d'hôte de 20 $ à 24 $ propose des plats plus consistants et met en avant de bons produits comme la bavette à l'échalote ou le steak de thon, cuisinés avec soin. Bref, le Café du Nouveau Monde devient une halte idéale après une journée de shopping mais surtout avant ou après une soirée culture.

Immersion dans les diverses cultures de Montréal

Nous vous invitons à découvrir les traditions culinaires exotiques et les quartiers métissés de Montréal, une des villes les plus multiculturelles du Canada.

VISITER

KALÉIDOSCOPE
514-990-1872
www.tourskaleidoscope.com

Coûts : visite à pied 15$ à 20$ (rabais avec carte étudiante), autres circuits à prix variable. Plus de 60 possibilités de visite. Cette entreprise, spécialisée dans les visites guidées des quartiers de Montréal, propose des visites à pied, en vélo ou des circuits en autocar pour les particuliers et les groupes. Vous pouvez découvrir les plus beaux quartiers de la ville (la Petite Italie, Quartier chinois, Plateau Mont-Royal, Mille Carré Doré), visiter les lieux de culte (mosquée, église sikh, bouddhiste, synagogue, temple hindouiste, etc.), et faire le tour de l'île selon des thèmes variés en circuit d'une durée de quatre heures à une journée.

SAVEURS DU MONDE À MONTRÉAL

AFRIQUE

AU COIN BERBÈRE
73, Duluth Est | 514-844-7405
www.aucoinberrere.com

Mº Sherbrooke, angle Coloniale. Ouvert mar-dim,
17h-minuit. TH 26,75$. Couscous 12,25$-23,50$. Apportez votre vin. Un fier représentant de l'Algérie, depuis bientôt 30 ans à Montréal. « LA » spécialité des lieux, le couscous, a fait ses preuves et se déguste avec les viandes savoureuses et fondantes du Maghreb. L'agneau, le lapin, le poulet et les merguez sont autant d'invitations au voyage au pays où la nourriture est un art de vivre à elle seule. Si vous pensez à apporter un petit vin de ces cépages, la soirée filera doucement, comme sous les étoiles. Le service est chaleureux et les plats plus que copieux.

LE PITON DE LA FOURNAISE
835, Duluth Est | 514-526-3936
www.restolepiton.com

Mº Mont-Royal, angle Saint-Hubert. Ouvert mar-dim, 17h30-21h et plus. Ven-sam : 2 services, 17h30-18h ou 20h30-21h. Menu dégustation (3 services) 33$- 35$. TH 22,75$-27,75$. On y dévoile les trésors gastronomiques de l'Île de la Réunion, savant mélange d'arômes des cuisines asiatiques, indiennes et européennes. Un petit lexique des termes culinaires et des expressions locales agrémente la carte. On opte pour l'assiette créole composée de petits samoussas, de bonbons piments (beignets épicés) et salade d'achards. Service aux petits oignons et ouvert à la discussion sur les mystérieux légumes ou fruits de cette île. Musique créole en fond sonore.

ASIE

KHYBER PASS
506, Duluth Est | 514-844-7131

M° Sherbrooke. Ouvert tous les jours de 17h à 23h). TH 19,50$-25,95$. Plats 14,95$-17,95$. Du nom de la célèbre passe montagneuse reliant les provinces de Jalalabad et Peshawar, le seul resto afghan en ville permet de découvrir les traditions culinaires de ce pays à la jonction de l'Asie et du Moyen-Orient. Le décor est charmant et typique, les tentures et la musique traditionnelle renforcent le dépaysement promis par une carte de spécialités légères et savamment épicées. Délicieux ashaks (poireaux, tomates et bœuf haché), classique kabuli palaw (riz basmati avec agneau ou poulet, raisins secs et julienne de carottes), kofta chalaw et excellents kababs. Les desserts sont à l'eau de rose, et le thé vert accompagne tous les plats.

CHEZ GATSÉ RESTAURANT TIBÉTAIN
317, Ontario Est | 514-985-2494

M° Berri-UQÀM. Ouvert lun-ven, 11h30-14h30 et 17h-22h30; sam-dim, 16h-22h30. Belle terrasse. TH midi 6,95$, TH soir 10,95$, spécial Yeti 14,50$. Ce resto de quartier propose une cuisine parfaitement conforme aux traditions tibétaines. L'ambiance est simple et authentique, et les plats concoctés avec des viandes et légumes finement coupés, à la mode tibétaine. Le plat typique est le momo, gros ravioli farci à la viande, fromage ou légumes. Choisir le menu du Yeti, qui propose un assortiment copieux des spécialités de la maison.

AMÉRIQUE

MOCHICA
3863, Saint-Denis | 514-284-4448
www.restaurantmochica.com

M° Sherbrooke. Ouvert mar-jeu & dim, 17h-22h; ven-sam, 17h-23h. Entrées 6-12, plats 15-25. TH 24-29. Les Moches, avant l'invasion Inca, sont à l'origine d'une civilisation andine très créative. Leur cuisine était faite de fruits de mer, de poissons et de produits agricoles. C'est dans cet esprit que la carte de ce restaurant de spécialités péruviennes se décline : bouillabaisse aux fruits de mer, poissons et vin blanc; viande de lama marinée au Chimichurri ou encore morue saumurée lavée de son sel et pochée à l'ancienne avec ses oignons. Les couleurs rouge et crème, les masques et les pans de bois sculptés sur les murs, font de ce restaurant un lieu convivial et authentique. Une cuisine qui vous surprendra agréablement, accompagnée de quelques alcools et vins du pays.

EUROPE

CENTRO SOCIAL ESPANOL SALA ROSSA
4848, Saint-Laurent - 514-844-4227
4388, Saint-Laurent – 514-849-1737

M° Mont-Royal ou Laurier. Le 4848 n'est ouvert que le soir (fermé le lundi) et le 4388 ouvre midi et soir. Les deux clubs sociaux font partie des meilleures endroits à Montréal pour manger de savoureuses tapas et des paellas safranées. Au menu figurent d'excellentes cailles rôties, de délicieux calmars à l'ail, des tortillas… Bref, toutes les merveilles de la cuisine espagnole. Côté ambiance, on s'y croirait : des spectacles de flamenco ont lieu tous les jeudis soirs au 4848. Tous les soirs, les membres du club ont leur table réservée pour jouer aux cartes et parler du pays.

Se ressourcer dans un grand parc de Montréal

Vous vivez sur l'île de Montréal et souhaitez vous évader sans pour autant faire des kilomètres de route ? Partir à la découverte d'un des grands parcs de l'île ou de sa proche région vous permettra de vous imprégner de la nature, sans devoir aller trop loin. Visitez le site Internet de la Ville de Montréal, section Réseau des grands parcs, pour plus d'information : www.ville.montreal.qc.ca.

PARC NATIONAL DES ÎLES-DE-BOUCHERVILLE

55, Île Sainte-Marguerite
450-928-5088
Réservations Sépaq 1 800-665-6527
www.sepaq.com/pq/bou/fr/

Ce havre de 814 hectares situé en plein fleuve est réparti sur cinq îles, qui en font le paradis des kayakistes. Location d'embarcation et d'équipement de plein air. Plusieurs activités et sorties guidées pour découvrir les joyaux naturels du parc.

POINTE-AUX-PRAIRIES

Chalet d'accueil Héritage :
14905 Sherbrooke Est, 514-280-6691
Pavillon des Marais :
12300 Gouin Est, 514-280-6688

Ce parc immense, composé de marais, de champs et de forêts, abrite un nombre incalculable d'espèces d'oiseaux. Activités de plein air pour tous et programmes éducatifs. Aires de pique-nique sur place.

ÎLE-DE-LA-VISITATION

2425, Gouin Est | 514-280-6733

L'île, baignant dans la rivière des Prairies, comporte deux bâtiments historiques ouverts aux visiteurs : la Maison du pressoir et la Maison du Meunier (514-850-4222). Une foule d'activités pour tous les âges, du cyclisme à la glissade sur neige, de la visite en train balade aux spectacles en plein air. Aires de pique-nique et bistro-terrasse.

BOIS-DE-LIESSE

Maison Pitfield : 9432 Gouin Ouest,
Pierrefonds, 514-280-6729
Accueil des Champs : 3555, Douglas-B.-Floreani,
Saint-Laurent, 514-280-6678

On qualifie ce site de forêt enchantée, probablement en raison de la flore exceptionnelle qu'il abrite. Séjours éducatifs pour les scolaires et activités en environnement pour tous. Location de vélos, raquettes, luges et de ski de fond selon la saison. Aires de pique-nique.

BOIS-DE-L'ÎLE-BIZARD

2115, chemin du Bord-du-Lac,
L'Île-Bizard | 514-280-8517

Parc composé principalement d'érablières, de cédrières et de marais. Passerelle d'un demi-kilomètre au-dessus d'un grand marécage. Baignade, cyclisme, pêche, randonnée pédestre et ski de fond peuvent être pratiqués. Service de location de ski de fond en hiver. Observation de la faune et de la flore. Belvédère, quai, rampe de mise à l'eau, aires de pique-nique sur place.

L'ANSE-À-L'ORME
Angle Gouin Ouest et chemin
de l'Anse-à-l'Orme, Baie-d'Urfé
514-280-6871
Parc linéaire situé à l'extrême ouest de l'île de Montréal, face au lac des Deux-Montagnes. L'endroit parfait pour les amateurs de planche à voile et de dériveur grâce aux vents dominants d'ouest. Deux rampes de mise à l'eau, un quai, une aire de pique-nique et des douches extérieures. Aucune baignade sur le site.

CAP-SAINT-JACQUES
20099, Gouin Ouest, Pierrefonds | 514-280-6871
Un grand parc au point de rencontre de la rivière des Prairies et du lac des Deux-Montagnes. Sur place, une ferme écologique (514-280-6743), une cabane à sucre, une grande plage, un centre de plein air ainsi que deux bâtiments d'intérêt historique. Location d'embarcations et de skis de fond, rampe de mise à l'eau, aires de pique-nique et restauration sur place. Nombreux produits du terroir en vente.

ARBORETUM MORGAN
150, chemin des Pins
Campus MacDonald de l'Université McGill, Sainte-Anne-de-Bellevue
514-398-7811 | www.morganarboretum.org
Autoroute 40 Ouest, sortie 41. Ouvert tous les jours de 9h à 16h. Adulte : 5 $, 4-14 ans : 2 $, étudiant : 3 $, famille : 12 $. Un arboretum se définit comme un endroit destiné à être planté d'arbres d'essences différentes qui font l'objet de cultures expérimentales. Vous y trouverez un lacis de sentiers aménagé pour la marche ou le ski de randonnée. Sentiers d'interprétation avec stations d'information.

Champs de Pointe-aux-Prairies © Ville de Montréal

MONTRÉAL

Évasion romantique en bateau-croisière

Depuis l'eau, la perspective sur Montréal est superbe : au premier plan la vieille ville, puis les immeubles du centre-ville et le mont Royal en toile de fond. Autant dire que lorsque le soleil couchant embrase le tout, c'est plutôt romantique !

AML

Embarquement au Quai King-Edward
(Vieux-Port de Montréal)
1 866-856-6668 | www.croisieresaml.com

De Mai à Octobre. Adulte 23-27$, Étudiants et aînés 21-25$, Enfants 11-14$, Famille (2 enfants gratuits par adulte) gratuit pour les 0-5 ans. Soupers-croisières (départ 19h, embarquement 60 minutes avant), 4h, Adulte 49$, Étudiants et aînés 45$, Enfants 35$. Pour ceux qui choisissent l'option souper-croisière, vous combinerez gastronomie et vues grandioses à bord du Cavalier Maxim. L'ambiance qui règnent à l'intérieur des trois salles à manger et sur les terrasses est à la hauteur. Vous y dégusterez des mets raffinés en table d'hôte, et pour l'animation, musiciens et piste de danse vous attendent. Plusieurs formules sont proposées, comme le "Classique", sur fond de musique classique, ou encore le "Nouvelle-Orléans" qui vous transporte en Louisiane le temps d'un repas aux saveurs cajuns sur des rythmes "jazz ragtime" et "blues". Vous succomberez au charme de la ville illuminée et de ses îles au soleil couchant. Des brunchs sous forme de buffet y sont aussi servis, pour une découverte différente! Pour ce qui est des excursions, elles sont d'une durée de 60 (16h) ou 90 minutes (11h30, 14h) le jour, un guide interprétant

Paul Chomedy de Maisonneuve accueillant les passagers.

LE BATEAU MOUCHE

Quai Jacques-Cartier, Vieux-port de Montréal
514-849-9952/ 18003619952
www.bateau-mouche.ca

Tous les jours de la mi-mai à la mi-octobre. Croisières de 60 (départs à 13h30, 15h et 16h30) ou 90 minutes (départ à 11h30). Adulte 23-27$, Étudiants et aînés 21-25$, Enfants 11$, Famille (4 personnes dont 2 ou 3 enfants) 46-54$, gratuit pour les 0-5 ans. Soupers-croisières (départ 19h, embarquement 30 minutes avant), 3h30, 89-207$/personne selon la salle, la soirée et le menu choisi (pourboire inclus, taxes en sus). Il est des facettes de Montréal qui ne se découvrent qu'en bateau. Celui-ci est particulier, et grâce à son faible tirant d'eau, il emprunte un parcours inaccessible aux bateaux traditionnels. Vous avez le choix entre pont terrasse ou pont climatisé, pour une excursion qui vous offrira de belles découvertes. La croisière est ponctuée d'explications et d'anecdotes sur le fleuve. Un choix de rafraîchissements et de repas légers vous est proposé. En soirée, les soupers-croisières sont très prisés, avec une cuisine recherchée (aux commandes, le chef du Fairmont Le Reine Hélizabeth) et un cadre original. De quoi se laisser aller pour un agréable moment au rythme du fleuve !

HÉBERGEMENT

AUBERGE DE LA FONTAINE

1301, Rachel Est | 514-597-0166 / 1 800-597-0597
www.aubergedelafontaine.com

M° Mont-Royal. Occupation double : à partir de 119$ en basse saison et de 139$ en haute saison. 18 chambres. Petit déjeuner buffet santé inclus. Forfaits disponibles. Internet sans fil, stationnement gratuit à l'arrière de l'auberge, billetterie (musées, croisières, visites guidées). Située en face du magnifique parc Lafontaine, cette auberge offre un décor et un service dignes des grands hôtels. L'aspect victorien de la maison, datant de 1908, contraste avec sa décoration moderne, différente d'une chambre à l'autre, dont les couleurs chaudes et les murs en briques créent une ambiance montréalaise. Qu'elles soient régulières, supérieures ou suites, toutes les chambres sont très bien équipées avec air climatisé. À votre disposition : une terrasse accessible à tous au troisième étage, un libre accès à la cuisine pour collation gratuite (fromages, fruits, pâtés) de midi à minuit et une piste cyclable passant en face de l'Auberge.

AUBERGE LE POMEROL

819, de Maisonneuve Est
514-526-5511 / 1-800-361-6896
www.aubergelepomerol.com

M° Berri-UQÀM. Occupation simple : à partir de 85$, occupation double : à partir de 105$. 27 chambres. Petit-déjeuner et Internet sans fil inclus. Accès à un centre de conditionnement physique à proximité inclus. Stationnement garanti à l'arrière : 14$. Restaurant Les Deux Charentes sur place (cuisine française). Forfaits disponibles. C'est dans une maison centenaire, en plein cœur du centre ville, qu'un personnel très souriant se fait un plaisir d'accueillir ses hôtes. Les chambres sont décorées avec beaucoup de soin et de goût, dans des tons ocres et carmins. Autre bon point : l'originalité des options pour le petit déjeuner. Un panier est posé devant la porte de la chambre. On choisit de le déguster sur place ou de le descendre dans la salle à manger. Autres petites attentions à souligner : le feu de foyer dans le salon en hiver et la collation offerte en après-midi, tout au long de l'année.

ACTIVITÉS

ÇA ROULE MONTRÉAL

27, de la Commune Est
514-866-0633 / 1 877-866-0633
www.caroulemontreal.com

M° Place-d'Armes. Ouvert tous les jours lors de la belle saison (les heures peuvent varier selon les conditions climatiques). Dépôt ou pièce d'identité avec photo obligatoire. Antivol et casque fournis avec le vélo. Pourquoi ne pas découvrir le Vieux-Montréal en louant un tandem ! Nous vous conseillons aussi la piste cyclable qui longe le canal Lachine.

JARDIN BOTANIQUE DE MONTRÉAL

4101, Sherbrooke Est | 514-872-1400
www.ville.montreal.qc.ca/jardin

M° Pie IX. Ouvert tous les jours de 9h à 17h (jusqu'à 18h de mi-mai à mi-septembre et jusqu'à 21h de mi-septembre à novembre). Fermé le lundi de novembre à mi-mai. Tarifs pour le billet insectarium + jardin botanique (variation selon la saison et le lieu de résidence) : adulte 13,50-16, aîné et étudiant 10-12, 5-17 ans 6,75-8. Service de navette gratuit. Romantisme et dépaysement vous attendent dans les 75 hectares de ce vaste poumon de la métropole. Vous aurez l'impression de flâner au cœur de la Chine, ou encore, dans un délicat jardin japonais. À la Maison de l'arbre, le grand végétal est mis à l'honneur au cœur d'un arboretum. Au jardin des Premières Nations, tout végétal a son importance utilitaire, alimentaire et médicinale. Décidément, il faut aussi choisir les sentiers pour apprécier ce grand jardin.

Plonger dans l'histoire de Montréal

Que ce soit en dormant dans un hôtel au cachet historique ou en visitant un musée qui retrace l'histoire de la ville, Montréal vous invite à faire un voyage dans le temps.

HÉBERGEMENT

AUBERGE BONAPARTE

447, Saint-François-Xavier
514-844-1448
www.bonaparte.com

Mº Place-d'Armes. Cette auberge 4 étoiles dans le Vieux-Montréal comprend une trentaine de chambres et une suite, dont les prix s'échelonnent de 145$ à 355$ (selon les chambres et les saisons) en occupation double, petit déjeuner inclus. Certaines des chambres ont une vue sur les magnifiques jardins de la Basilique Notre-Dame. Une terrasse sur le toit permet aux clients de prendre une bouffée d'air frais. Les petits déjeuners complets sont inclus et servis dans la salle du restaurant du même nom, un restaurant gastronomique hautement prisé qui permet de satisfaire la panse et les fines bouches. Situé dans un bâtiment historique, ce luxueux hôtel aux draperies riches et meublé selon le style Louis-Philippe offre de nombreux services, dont le nettoyeur et le service de conciergerie pour massages, esthétique, service de garderie, réservations de théâtre (Le Centaur est à côté), etc. Un bar, entre l'auberge et le resto, sert les clients.

HÔTEL NELLIGAN

106, Saint-Paul Ouest
514-788-2040 / 1 877-788-2040
www.hotelnelligan.com

Mº Place-d'Armes. Occupation double : à partir de 235$. 105 chambres. Petit déjeuner continental et cocktail inclus, ainsi que tous les services d'un grand hôtel. Restaurants, bar, stationnement intérieur (24$ par jour), salle de conditionnement physique. Cet hôtel est à deux pas de la Basilique Notre-Dame, du Palais de justice et du palais des Congrès. Il a vu le jour en juin 2002 et porte le nom du célèbre poète québécois Émile Nelligan. Dans les chambres règne une ambiance poétique, mêlant coins lecture, foyers et vers d'Émile. Les couleurs orangées, les murs de pierres et les plantes font du hall d'entrée l'endroit de détente idéal après une longue journée de travail. La soirée commencera par un vin et fromage offert par la maison dans son magnifique bar à ciel ouvert, le Verses Sky, et se terminera par un dîner dans l'un des deux restaurants, dont le fameux Verses ou le Méchant Bœuf. Un séjour mémorable !

RESTAURANT

AUBERGE LE SAINT-GABRIEL

426, Saint-Gabriel
514-878-3561
www.auberge1754.com

Mº Place-d'Armes. Ouvert mar-ven, 12h-14h30 et 18h-22h; sam, 18h-22h. Fermé dim-lun. Carte dès 30$. TH midi 16$-22$; TH soir 32$- 44$, compter 60$ par personne. Situé dans le vieux Montréal, c'est l'un des rares restaurants où l'on peut déguster une

Vieux Montréal © NRL

cuisine traditionnelle. L'ambiance chaleureuse des feux qui crépitent à l'intérieur, alliée au charme de la terrasse ensoleillée, fait de la plus ancienne auberge d'Amérique du Nord une référence à ne pas manquer. Laissez-vous tenter par des spécialités alléchantes comme la tourtière des Cantons ou les ragouts succulents; mais les cuisines regorgent aussi de spécialités françaises, comme le magret de canard rôti et son jus de cuisson au Porto ou le fameux Chateaubriand. Pour le dessert, n'hésitez pas à commander la tarte au sucre, un vrai délice !

VISITER

GUIDATOUR

360, Saint-François-Xavier, suite 400
514-844-4021 / 1 800-363-4021
www.guidatour.qc.ca

M° Place-d'Armes. Visites guidées en toute saison. Coûts : circuits à prix variable. Forfaits sur mesure pour les groupes aussi disponibles. La réputation de Guidatour n'est plus à faire et ses guides professionnels vous transporteront dans l'histoire de Montréal. À pied, à vélo ou en autobus, le choix de visites est vaste et la qualité, omniprésente. Pour les plus jeunes, des rallyes et des visites éducatives leur feront découvrir l'histoire et le patrimoine d'une manière plus qu'originale. Guidatour s'occupe également des Fantômes du Vieux-Montréal (www.fantommontreal.com) où quatre visites nocturnes vous feront frissonner tout au long de l'été… sans oublier le spécial Halloween.

MUSÉE POINTE-À-CALLIÈRE

350, Place Royale | 514 872 9150
www.pacmusee.qc.ca

M° Place-d'Armes. Mar-ven, 10h-17h; sam-dim, 11h-17h (jusqu'à 18h en juillet et août). Adulte : 14$, étudiant : 8$, aîné : 10$, 6-12 ans : 6$, famille : 30$, gratuit pour les moins de 5 ans. Sur les lieux mêmes de la fondation de Montréal, ce musée met en valeur d'importants vestiges architecturaux et une collection unique d'objets et d'artefacts. Le site a fait l'objet de nombreuses fouilles dans les années 1980 menant à la découverte de 1 000 ans d'activité humaine et à la fondation du musée en 1992, lors des célébrations du 350e anniversaire de Montréal. Aujourd'hui, la visite du musée commence par un spectacle sons et lumières sur l'histoire de la ville. Vous passerez ensuite sous terre pour découvrir les fondations de la ville. Le musée abrite également des expositions temporaires, généralement très intéressantes.

Se régaler à Montréal

La métropole compte beaucoup de bons restaurants. Voici quelques suggestions de grandes tables ouvertes dans les dernières années. Le talent des chefs vous inspirera peut-être à passer de longues heures dans votre propre cuisine. Si c'est le cas, allez faire un tour au marché Jean-Talon ou référez-vous à l'Académie culinaire.

RESTAURANTS

APOLLO

6389, Saint-Laurent | 514-274-0153
www.apolloglobe.com

Mº Beaubien. Ouvert mar-sam, 17h30-22h. Réservation conseillée. Compter de 20 à 30$ l'entrée, de 35 à 50$ le plat. La cuisine moléculaire est une idée qui vous intrigue ? La nouveauté et la créativité sont votre tasse de thé ? Vos papilles ont envie de surprise ? Alors, ne ratez pas ce restaurant qui se distingue par le talent et les idées de son chef, Giovanni Apollo. Ici, le gourmet est invité à se laisser guider en faisant confiance aux mains expertes qui fourmillent en cuisine. Pour se faire, on choisit un ingrédient (qui varie au gré des saisons), comme le champignon, le foie gras ou le thon qui sera décliné en quatre temps. Quatre variations sur un même thème donc, toutes délicieuses et très bien présentées. À découvrir !

LE CLUB CHASSE ET PÊCHE

423, Saint-Claude | 514-861-1112
www.leclubchasseetpeche.com

Mº Champs-de-Mars. Ouvert mar-ven de 11h30 à 14h, mar-sam de 18h à 22h30. TH midi 19-26. Entrées 13-24, plats 27-32. V, MC, AE, I. Cette pourvoirie urbaine offre un nouveau territoire pour pêcher de bonnes chairs. Presque une chasse gardée. Aucune signe extérieur, tout juste un sigle de ralliement pour les initiés gourmands : du bouche à oreille principalement. Un décor ultra léché fait de pierres, de poutres, de cuir, mélange cosy de sophistication et d'authenticité. Un concept avantgardiste : dandysme et rusticité contemporaine. Dans ce design à couper le souffle, Claude Pelletier, considéré à juste titre comme l'un des meilleurs chefs en ville, élabore une cuisine puissante, animale, esthétique, instinctive. Tout en finesse et en élégance, Hubert Marsolais veille à conserver en salle l'eurythmie unique qui caractérise si bien les créations de cette équipe gagnante. Durant la saison estivale, vous pouvez profiter de cette cuisine de qualité dans un très beau cadre : la terrasse du Château Ramezay, juste en face.

LAURIE RAPHAEL (HÔTEL GERMAIN)

2050, Mansfield | 514-985-6072
www.laurieraphael.com

Mº Peel. Ouvert tous les jours midi et soir sauf sam-dim midis. Midi TH 22 à 26$ (entrée+plat) ou 35$ le menu dégustation. Le soir : 14 à 28$ le tapas (compter 5 tapas par personne). L'ouverture en 2007 d'un Laurie Raphaël à Montréal, après son succès à Québec, a

Marché Jean-Talon © NRL

défrayé la chronique. Et pour cause ! Le contenu des assiettes, préparées en grande majorité avec des produits du Québec, est très subtil. Le choix de différents pains laisse un bon souvenir. Nous avons eu la chance de déguster une bisque de homard très parfumée et des pétoncles cuits à la perfection. Les plats sont servis sous forme de tapas, donc en portion de petite taille. Autant dire que le midi, après l'entrée et le plat, un dessert est très apprécié.

CUISINER CHEZ SOI

MARCHÉ JEAN-TALON
7070, Henri Julien | 514-277-1588
www.marche-jean-talon.com

M° Jean Talon ou De Castelnau. Ouvert lun-mer et sam, 7h-18h; jeu-ven, 7h-20h; dim, 7h-17h. Fermé à Noël et Jour de l'An. On le dit ouvert à toutes les cultures et il suffit de se rendre sur place pour constater que c'est vrai. Sans nul doute le marché le plus populaire de Montréal avec des allées impressionnantes et richement achalandées. Outre les boutiques présentes tout au long de l'année, les producteurs s'installent à l'extérieur de mai à octobre. Le marché est toujours en pleine effervescence. Les boutiques de spécialités italiennes et orientales sont nombreuses, et nous vous suggérons vivement le marché des saveurs, sans doute la boutique la plus complète en ce qui concerne les produits régionaux du terroir. En 2004, le marché a subi des travaux d'agrandissement importants, lesquels ont permis l'ouverture de plusieurs boutiques spécialisées ainsi que l'aménagement d'un stationnement souterrain d'environ 450 places.

DEVENIR UN CHEF

ACADÉMIE CULINAIRE
360, Champ-de-Mars | 514-393-8111
www.academieculinaire.com

M° Champ-de-Mars. Une adresse bien connue de tous les curieux désireux de parfaire leurs connaissances culinaires. Le programme de l'Académie comprend une multitude de cours : techniques de base, cuisines du monde, viandes, boulangerie, desserts, etc. Les différentes saisons apportent également leur lot de cours thématiques. Pour les amoureux des produits de la vigne, des cours spécialisés plongent l'amateur dans la découverte, la dégustation et l'harmonie des mets et vins. Pour les plus jeunes, des cours et camps de cuisine sont offerts durant la relâche scolaire et les vacances d'été. Les cours sont également proposés dans le magasin La Baie à Laval.

Nuits folles à Montréal

Êtes-vous plutôt musique lounge ou salsa ? Voici une courte liste des endroits les plus « hots » de Montréal !

Les 3 Brasseurs © NRL

COMMENCER LA SOIRÉE

MICROBRASSERIE

LES 3 BRASSEURS

1658, rue Saint-Denis & 514 845 1660
105, rue Saint-Paul Est & 514 788 6100
732, rue Sainte-Catherine Ouest & 514 788 6333
www.les3brasseurs.ca

Dimanche-mercredi, 11h30-minuit; jeudi, 11h30-1h; vendredi-samedi, 11h30-2h (horaire variable selon l'affluence et la saison). L'histoire des 3 brasseurs au Québec débute le 21 juin 2002, à 20h30. Les employés sont encore affairés à nettoyer et frotter murs et escaliers, lorsque le patron décide d'ouvrir les portes du 1658 rue Saint-Denis à Montréal, premier restaurant de la chaîne française en Amérique. À 21h45, le patron refuse déjà les clients à l'entrée. La brasserie fonctionne à plein régime depuis. Il n'est pas rare de voir des clients debout à attendre une place pour les 5 à 7, où la pinte de bière brassée sur place est offerte au prix de la demie. En été, ne ratez pas l'occasion de prendre l'apéritif sur l'une des terrasses bondées.

MILIEU DE SOIRÉE

RYTHMES DU MONDE

CLUB BALATTOU

4372, Saint-Laurent | 514-845-5447
www.balattou.com

M° Mont-Royal, angle Marie-Anne. Ouvert mar-dim

21h-3h : spectacles en semaine, discothèque le week-end. Entrée : 5-10 pour les spectacles (certains soirs sont gratuits). Suzanne Rousseau et Lamine Touré ont eu la bonne idée de conquérir une petite partie de « La Main » avec des rythmes tropicaux. Le Balattou est donc vite devenu le pionnier des musiques du monde et merci à tous ceux qui ont contribué au succès de cet endroit exotique qui compte maintenant plus de 20 ans d'existence. Le Balattou, c'est la diversité culturelle par la musique, l'enchantement des découvertes, l'abolition des frontières, « le tour du monde en une soirée ».

DJ

LAÏKA
4040, Saint-Laurent | 514-842-8088
www.laikamontreal.com
Angle Duluth. Ouvert lun-ven, 8h30-fermeture (entre 1h et 3h); sam-dim, 9h-3h. Brunch le week-end. Son originalité est entière, niveau déco, ambiance et menu. Le Laïka est un bar de quartier aux prix très raisonnables qui a aussi une vocation de café-resto. Les meilleurs DJ en ville viennent y faire leur tour pour mettre un peu d'ambiance. L'entrée est libre ! Le programme des soirées se trouve sur le site web.

CŒUR DE LA NUIT

STEREO
858, Sainte-Catherine | 514 658 2646
www.stereo-nightclub.com
M° Berri-UQÀM. Ouvert ven-sam et selon les événements. Ça y est ! Après l'incendie qui avait ravagé le club à l'été 2008, Stereo renaît de ses cendres. Il a célébré en grand sa réouverture lors du week-end de la Fête du Travail en septembre 2009, avec nul autre que son fondateur Angel Moraes aux platines pour une

soirée privée des plus éclatées. Une scène et des places assises ont été ajoutées pour les spectacles. La piste de danse est plus grande que jamais, les équipements audio et vidéos surréalistes… Attendez-vous à retrouver les nuits endiablées qui ont fait la réputation du Stereo !

TOKYO
3709, Saint-Laurent | 514-842-6838
www.tokyobar.com
Angle des Pins. Ouvert mer-dim, 22h-3h. Entrée : environ 5$ selon la soirée. Louangé par le magazine américain Maxime comme étant LA discothèque par excellence à Montréal, le Tokyo est effectivement un lieu très branché, avec un lounge, une salle principale et des terrasses. Le week-end, le succès est tel que les cartes d'identité sont obligatoires; l'âge exigé est de 21 ans. Pas question non plus d'exhiber les chaussures Nike ni les espadrilles : on n'accepte que la « crème de la crème ». Cette clientèle « crémeuse » semble se réjouir de la diversité musicale du club car chaque soirée offre son genre différent, sans compter les nombreux spectacles de funk, soul, old school, R&B et top 40.

JUSQU'AU PETIT MATIN

CIRCUS
915, Sainte-Catherine Est | 514-844-0188
www.circusafterhours.com
M° Berri-UQÀM. Ouvert ven-dim dès 3h. Entrée : selon les soirées et les DJs invités. Cet afterhours dispose de deux salles pour vous faire bouger jusqu'aux petites heures du matin : la main room où l'électro est roi, et le hip hop room. De nombreux DJs de renom y font escale. Bref, on n'est jamais déçu par le son et l'ambiance et, côté espace, il y a de la place pour tous sur l'immense plancher de danse.

Virée nature au Parc Oméga

Le Parc Oméga vous propose, dans une réserve privée parfaitement entretenue, de partir à la rencontre des animaux d'Amérique du Nord… dans votre voiture ! Profitez d'être dans la région pour découvrir un des deux hôtels exceptionnels que nous vous proposons.

PARC OMÉGA

399, route 323 Nord, Montebello
819-423-5487 | www.parc-omega.com

Juin à novembre : lun-dim, 9h-17h (fermeture du parc à 19h). Adulte : 18 $, aîné : 17 $, 6-15 ans : 13 $, 2-5 ans : 6 $. Novembre à juin : lun-dim, 10h-16h (fermeture du parc à 17h). Adulte : 14 $, aîné : 13 $, 6-15 ans : 10 $, 2-5 ans : 5 $. Des centaines de bêtes plus magnifiques les unes que les autres évoluent librement dans le parc et s'empressent de venir déguster les carottes que vous leur tendez (sachets disponibles à la réception). Autant vous dire qu'il s'agit là d'une expérience inoubliable pour les petits et les grands. Seuls les loups, les coyotes et les ours sont dans des enclos, mais c'est davantage pour vous assurer de meilleures conditions d'observation que pour des raisons de sécurité car, ici, les lois de la nature sont respectées. En été, des démonstrations d'oiseaux de proie sont proposées plusieurs fois par jour, de même qu'une activité qui permet aux jeunes enfants de nourrir de petits cerfs de Virginie. Il est possible de louer une voiturette de golf ou de laisser sa voiture au milieu du parcours pour se rendre à la ferme du parc où vous attendent d'autres espèces. Nouveautés : la reproduction, dans les bâtiments, de la maison de l'artiste local Georges Racicot, dont les objets et meubles ont été rachetés afin de continuer à faire « vivre » l'artiste; une ancienne cabane à sucre déjà sur place reprend du service; et surtout, l'arrivée de 15 caribous au parc dans un nouvel espace aménagé pour eux. Un incontournable !

HÉBERGEMENT DANS LES ENVIRONS

AUBERGE COULEURS DE FRANCE

611, chemin du Lac Doré Nord, Duhamel
819-743-5878 | www.chaletcouleursdefrance.com

Ouvert de la Saint-Jean à l'Action de Grâces et du 20 décembre au troisième week-end de mars. Forfait hébergement, souper et petit-déjeuner en occupation double : de 179 à 269 $. 16 chambres et 4 suites. Internet sans fil, salon, bar, spa, massage, prêt et location d'équipement de plein air. Nous avons eu un vrai coup de foudre pour ces grands chalets en bois rond ! Pour commencer, le lieu est extraordinaire : après avoir parcouru une route quasi déserte, on arrive sur les bords d'une immense et magnifique étendue d'eau. C'est sur ses berges, dans une clairière, que reposent les magnifiques chalets de Couleurs de France. L'intérieur y est ravissant, chaque chambre étant décorée différemment mais toujours

Parc Oméga © WRL

dans des coloris très chaleureux et avec des objets que les propriétaires ont rapportés de leurs nombreux voyages autour du globe. Toutes ont une terrasse privative qui donne sur le lac. Celui-ci se découvre en canot ou en pédalo (fournis). Pour profiter de la forêt aux alentours, on peut louer sur place des motoneiges ou des quads. Pour la détente après une journée bien remplie, optez pour un massage (plusieurs choix proposés) et un bain scandinave (eau chaude avec chute, sauna et salle de repos…). Après cela, il est temps de profiter du délicieux souper, préparé sur place, bien entendu !

FAIRMONT LE CHÂTEAU MONTEBELLO

392, Notre-Dame, Montebello
819-423-6341 / 1 800-441-1414
www.fairmont.com/montebello

211 chambres. Forfaits disponibles. Nombreux services sur place. Un complexe impressionnant, le plus grand de son genre en bois rond, construit en un temps record sur un site magnifique, au bord de l'eau. Vaste hôtel de luxe, le Fairmont Le Château Montebello reste un exemple unique de mariage entre nature et prestige. Avec un choix presque illimité d'activités (centre sportif, équitation, golf, canot, centre de santé, piscines intérieure et extérieure, curling, ski de fond…), un domaine réservé à la chasse et à la pêche (Fairmont Kenauk au Château Montebello), un port privé, un service de restauration haut de gamme, nul doute que vous y trouverez votre bonheur si, bien sûr, vous en avez les moyens, car les forfaits sont à la mesure du prestige de l'endroit. Futé : le restaurant de l'hôtel offre une formule buffet des plus avantageuses le midi. Parfait pour s'offrir le luxe à moindre coût ! En été, les soirées buffet-barbecue sont un must.

Escapade urbaine à Gatineau

Gatineau est surtout renommée pour son Musée canadien des civilisations, le plus important de ce genre au Canada. Sa situation géographique et ses nombreuses activités en font une destination agréable pour une escapade de fin de semaine.

HÉBERGEMENT

CHÂTEAU CARTIER

1170, chemin d'Aylmer
819-778-0000 / 1 800-807-1088
www.chateaucartier.com

Occupation double : à partir de 125$, petit déjeuner inclus. Forfaits disponibles. Centre de santé, terrain de golf 18 trous, piscine intérieure, salle de conditionnement physique, tennis, restaurant. Stationnement gratuit. Ce bel hôtel 4 étoiles s'est refait une beauté pour offrir davantage de suites et de chambres rénovées, encore plus luxueuses. Grand confort, soins de santé, magnifique terrain de golf et gastronomie vous attendent dans ce très bel établissement.

MANOIR DE LA MONTÉE PAIEMENT

1201, Montée Paiement
819-243-9898 / 1 800-318-5003
www.gitemanoir.com

Occupation simple : 75$, occupation double : 85$. 2 chambres avec salle de bain partagée. Petit déjeuner inclus. Jacuzzi. À quelques minutes du parc de la Gatineau, voici un bel établissement pour faire une halte dans une jolie maison de bois avec un grand foyer intérieur. Les cyclistes bénéficieront d'un lieu d'entreposage sécuritaire.

RESTAURANTS

CAFÉ-BAR AUX 4 JEUDIS

44, Laval, Vieux Hull
819-771-9557
www.4jeudis.ca

Lun-ven, 11h30-2h; sam-dim, 14h-2h. Le bâtiment, qui fut l'Épicerie Laflèche pendant près d'un siècle, abrite dorénavant ce café-bar très prisé de tous. Très présent sur la scène culturelle locale, le calendrier des événements comprend des expositions d'art visuel, des spectacles, des soirées thématiques et, durant la belle saison, des soirées cinéma sur la terrasse. Pour les petits creux, un menu composé de salades, bruschettas et grillades vous est offert (les midis en semaine et tous les soirs sauf le dimanche). Excellent menu de bières locales et importées.

CAFÉ JEAN-SÉBASTIEN BAR & TAPAS

49, Saint-Jacques
819 771 2934
www.cafejeansebastien.com

Lun-ven, 11h30-14h et 16h-23h; sam, 17h-23h ; dim, fermé. Menu midi : 10-20, soir : 15-45. Terrasse. Depuis plus de 10 ans, le Café Jean-Sébastien est le lieu de rendez-vous des fins palais. Comme son nom l'indique,

Le festival de montgolfières de Gatineau

819-243-2330 / 1 800-668-8383 | www.montgolfieresgatineau.com

Fin août ou début septembre. Bracelet quotidien : 16-22. Tarif individuel pour un tour en montgolfière : 190$. Au programme : envolées de ballons géants en provenance des quatre coins du monde, feux d'artifice, manèges, concerts, etc. De belles festivités pour clore doucement l'été.

on y retrouve une grande sélection de tapas mais aussi des plats savoureux mettant en vedette les produits de la mer et le gibier (leur confit de canard est sublime) en soirée. Deux côtés et deux ambiances distinctes permettent à l'établissement de vous accueillir pour toutes les occasions. Le service courtois et professionnel rend l'expérience plus agréable encore. Le midi, on retrouve également une sélection de sandwichs, burgers et savoureuses salades. Très belle carte des vins.

POINTS D'INTÉRÊT

MUSÉE CANADIEN DES CIVILISATIONS

100, Laurier
819-776-7000 / 1 800-555-5621
www.civilisations.ca

Du 1er mai à l'Action de Grâces : ouvert tous les jours. De l'Action de Grâces au 30 avril : fermé le lundi. Adulte : 12$, étudiant et aîné : 10$, 3-12 ans : 8$. Entrée libre le jeudi à partir de 16h. Forfaits disponibles. Ce vaste complexe muséologique ultramoderne offre 16 500 m² de salles d'exposition consacrées à l'histoire du Canada depuis les Vikings, ainsi qu'aux arts et traditions des nations autochtones du Canada. Par l'impressionnante collection d'objets (plus de 3 millions) qu'il regroupe, ses dioramas, ses systèmes de projection de haute technologie et ses expositions interactives, il vise à mettre en valeur le patrimoine culturel de 275 groupes humains vivant au Canada. Vous y verrez également le Musée canadien des enfants (activités de découverte), le Musée canadien de la poste, un théâtre IMAX et des expositions temporaires, le Café du Musée, le Café Express, et une cafétéria.

LE COMPLEXE LAC-LEAMY

Le lac Leamy, véritable pont entre la nature et la ville, offre aux citadins, aux voyageurs et aux flâneurs un endroit propice à la détente et au divertissement. En bordure de ses eaux, vous vous adonnerez à la randonnée pédestre, au ski de fond, à la raquette, au patinage et à la baignade. Vous pouvez y louer l'équipement nécessaire à la pratique de ces activités. Des ateliers d'observation des étoiles y sont organisés. Le site héberge aussi le Casino, auquel vous pouvez accéder par la voie des eaux, à partir de la rivière des Outaouais. L'hôtel Hilton Lac-Leamy a installé ses quartiers près du lac.

Pour plus d'informations :

TOURISME OUTAOUAIS
103, rue Laurier, Gatineau
☎ 819 778 2222 – 1 800 265 7822

Virée détente dans les Collines-de-l'Outaouais

Magnifique région verdoyante, notamment grâce au parc de la Gatineau qui occupe 18% de son territoire, les Collines-de-l'Outaouais inspirent à la détente, à la découverte. Adresses gourmandes, auberges champêtres, nombreuses activités de plein air… Vous prendrez goût à y revenir !

HÉBERGEMENT

AUBERGE ET SPA LE MOULIN WAKEFIELD

60, chemin Mill, Wakefield
819-459-1838 / 1 888-567-1838
www.wakefieldmill.com

Seulement à 25 minutes de route d'Ottawa-Gatineau, le Moulin Wakefield offre un hébergement unique près du parc de la Gatineau. Le site est magnifique et l'auberge vous offre de nombreuses possibilités de forfaits à combiner avec ses vingt-sept chambres pour profiter au mieux de cet environnement de qualité. Centre de santé, restaurant et lounge sur place.

RESTAURANT

LES FOUGÈRES

783, route 105, Chelsea
819-827-8942
www.fougeres.com

Lun-dim, 10h-21h30. Fermé en mars. Compter 15 $-20 $ le midi, et au moins 30 $ le soir. Table d'hôte : à partir de 45 $. Une excellente table régionale avec un menu qui change au fil des saisons… les fins gourmets seront comblés. Le menu dégustation, offert avec ou sans l'accord des vins (la carte des vins est très intéressante), promet de savoureuses découvertes. Le décor est élégant, et la terrasse donne sur un magnifique jardin. Une halte gastronomique à saveur locale ! Pour ceux qui ne font que passer, ou qui aimerait rapporter un peu de ces produits de qualité, une boutique vend sur place certaines des spécialités du menu.

À FAIRE DANS LES ENVIRONS

TRAIN À VAPEUR HULL-CHELSEA-WAKEFIELD

165, Deveault (gare de Gatineau)
819-778-7246 / 1 800-871-7246
www.trainavapeur.ca

Excursion panoramique de début mai à fin octobre. Train des saveurs de mi-mai à début septembre. Différents tarifs selon la classe de service, la période et le forfait choisi. Forfaits disponibles, réservation obligatoire. Vivez l'expérience des pionniers du début du siècle dernier dans l'un des derniers véritables trains à vapeur en circulation au Canada. L'excursion d'une demi-journée, commentée par des guides et des musiciens à bord de la locomotive, vous conduira jusqu'au pittoresque village de Wakefield. Le train roule en bordure de la rivière Gatineau pendant ce voyage hors du temps.

Parc de la Gatineau © Commission de la capitale nationale

LE NORDIK – SPA EN NATURE

16, chemin Nordik, Old Chelsea
819-827-1111 / 1 866-575-3700
www.lenordik.com

Ouvert à l'année, 7 jours sur 7, beau temps mauvais temps. Accès aux bains nordiques : 42 $. Un site enchanteur où soins du corps et détente sont rois et maîtres. Le complexe, installé en pleine nature, vous propose des bains nordiques, de la massothérapie, et des soins détente (printemps 2010). Le restaurant vous offre une cuisine savoureuse et une carte des vins spécialement préparée par le sommelier. Tout y est pour faire le plein d'énergie. Si les lieux vous plaisent vraiment, pourquoi ne pas dormir sur place ! Un des plus beaux spas du Québec. À seulement 10 minutes du centre-ville de Gatineau et Ottawa.

PARC DE LA GATINEAU

Centre des visiteurs : 33, chemin Scott, Chelsea
819-827-2020 / 1 800-465-1867
www.capitaleducanada.gc.ca/gatineau
Lun-dim : 9h-17h (fermé le matin du 25 décembre). Quelques routes fermées en hiver. Droit d'entrée. Cette réserve de 363 km² coincée entre la rivière des Outaouais et celle de la Gatineau, aux collines parsemées de lacs, faisait partie du territoire des Iroquois. Elle doit son nom à Nicolas Gatineau, négociant en fourrures de Trois-Rivières qui disparut en 1683 au cours d'une expédition sur la rivière. C'est dans la maison Wilson (pavillon des rencontres officielles), au bord du lac Meech, que furent signés, en 1987, les fameux accords du Lac-Meech. Poussez jusqu'au belvédère Champlain (altitude 335 m) pour découvrir un panorama d'ensemble de la vallée des Outaouais. Visitez aussi le domaine Mackenzie-King, légué à l'État en 1950 par l'ancien Premier ministre du Canada (1921 1948). Couvrant 230 hectares, il comprend plusieurs bâtiments, dont la maison rustique Kingswood et la villa Moorside aménagée en salon de thé. Il offre également des sentiers aménagés pour la promenade et des jardins décorés d'éléments architecturaux récupérés sur divers sites. Les activités sont nombreuses dans le parc : vélo, canot, kayak, randonnée pédestre, baignade, pêche, camping au lac Philippe, spéléologie, ski de fond sur près de 200 km de pistes aménagées et ski alpin à la station Camp Fortune, etc.

Escapade gastronomique à Québec

Le Vieux Québec, berceau de l'Amérique française, est un des hauts lieux de la gastronomie canadienne. Il accueille plusieurs des meilleures tables de la province, dont la réputation n'est plus à faire et qui vous réservent de savoureuses surprises. Vous trouverez ici une sélection de bonnes adresses dont vous ressortirez charmés !

BONNES TABLES

L'ASTRAL

1225, cours du Général-de-Montcalm
(Hôtel Loews Le Concorde)
418 647 2222
www.lastral.ca

Ouvert : tous les jours de 12h à 15h et de 18h à 22h45. Petit déjeuner lundi-vendredi de 6h30 à 10h30, brunch : dimanche de 10h à 15h. Menu midi : 14 CAN\$-22 CAN\$. Menu : soir 21 CAN\$-45 CAN\$. Une salle, 225 places. Stationnement gratuit pendant 2h30, laisser sa voiture au valet de l'hôtel. On en sort tout retourné de bonheur par la vue de Québec. Seul restaurant panoramique tournant de Québec, l'Astral, la nuit ou le jour, c'est toujours impressionnant. Le tour culinaire est tout aussi imposant. La carte des vins répond à n'importe quel plat méticuleusement préparé par le chef, Jean-Claude Crouzet, et son équipe : gibier ou bouillabaisse maison, plats de saison, menus thématiques... Un buffet est offert le midi et le soir plusieurs jours par semaine; mais c'est à la carte que vous trouverez de quoi vous régaler les yeux et les papilles. Un excellent rapport qualité-prix pour ce lieu unique, qui se maintient d'année en année « à la hauteur » !

LE PATRIARCHE

17, rue Saint-Stanislas
418-692-5488
www.lepatriarche.com

Juillet-août Ouvert tous les jours de 17h30 à 22h, sept-juin du mer-dim de 17h30 à 22h. Service du midi à l'année du mer-ven de 11h30 à 14h. TH midi 16,50 \$, TH soir 5 services 45\$ à 70\$, 95\$ incluant le vin, plats 24 \$-49 \$. V, MC, AE, I. Tout en entrant dans la catégorie des grandes tables, le Patriarche reste humble, doux et rassurant comme sa cuisine, qui apprête les poissons et les gibiers de façon honorable. Les produits du terroir sont mis à l'honneur, notamment les gibiers : faisan, bison, sanglier et caribou sont à la carte. Les différentes saveurs se mélangent avec grâce comme dans le filet de veau rôti, ris au gingembre et jus à la moutarde violette. Le cadre met l'accent sur le rustique : pierres, bois, lumières tamisées... Aussi doux et judicieux que le conseil d'un patriarche.

LE CHAMPLAIN

1, rue des Carrières
(FairmontLe Château Frontenac)
418-692-3861
www.fairmont.com/fr/frontenac/GuestServices/Restaurants/RestaurantLeChamplain.htm
Ouvert tous les jours de 18h à 22h, dim brunch de 10h à 14h. Menu découverte 58$, menu dégustation 89$. Brunch dim : 46$. Plats entre 35$ et 45$. Thé à l'ancienne : du jeu au sam de juin à octobre de 13h30 à 15h, 35$. V, MC, AE, I. Réservation conseillée. Tout y est de prestige. Le cadre, le Château Frontenac allié au chef, Jean Soulard… créent un mariage irrésistible pour le meilleur de la cuisine. Difficile d'énumérer toutes les bonnes raisons d'y aller. Expérience gastronomique indéniable, décor digne d'un palace, le luxe à l'état pur… Pour les portefeuilles qui peuvent se l'offrir ou pour une délicieuse folie, le Champlain est tout conseillé pour le brunch ou le souper.

LA CRÉMAILLÈRE

73, Sainte-Anne | 418-692-2216
www.cremaillere.qc.ca
Ouvert tous les jours de 11h30 à 14h et de 17h à 22h. Fermé le midi sam-dim. Fermé les midis d'été lun-mar. Fermé dim de novembre à fin avril. Menu midi 14-20. TH soir 38-47. Menu gastronomique le soir. V, MC, AE, I. Service de valet. Dans un cadre soigné, orné d'assiettes superbes, une cuisine toujours irréprochable se développe sous vos yeux. Les mets sont d'inspirations italienne et française mais avec une préférence nette pour la première. Au menu donc, parpadelle aux porcini, côte de veau aux fines herbes et vin blanc, mais aussi cerf rouge du Québec, ris de veau, dodine de volaille de grain farcie et poisson frais selon arrivage. La cave à vins procurera, sans l'ombre d'un doute, la bouteille pour le mariage idéal.

GAMBRINUS

15, rue du Fort | 418-692-5144
www.gambrinus.restoquebec.com
Ouvert lun-ven de 11h30 à 14h30 et de 17h à 22h30, sam-dim de 11h30 à 14h30 (été seulement) et de 17h à 23h. TH midi 11,95$-17,95$. TH soir 28$-39,50$. V, MC, AE, I. 82 places. Musiciens le soir de fin de semaine. Entre mer et terre, le Gambrinus offre une vue imprenable sur le Château Frontenac, un cadre raffiné et une cuisine d'inspiration italienne et provençale. Les fruits de mer sont la spécialité de la maison avec une bisque de homard et l'assiette de fruits de mer. Mais quelques viandes sont à la carte comme le caribou ou le filet mignon.

LE SAINT-AMOUR

48, rue Sainte-Ursule | 418 694 0667
www.saint-amour.com
Ouvert lun-ven de 12h à 14h15, tous les soirs de 18h à 22h30. Menu midi 14,75-26. TH soir 59$. Menu découverte 110$. V, MC, AE, I. Menu pour enfants. Service de voiturier. Jardin intérieur ouvert à l'année. Superbe cave. Ce qui frappe d'emblée, c'est la fraîcheur qui émane de la décoration. Pour ce qui est de la cuisine, on peut se fier à la réputation du chef Jean-Luc Boulay, originaire de la Sarthe (France), qui exécute une cuisine raffinée, suivant le rythme des saison. Les noms des plats sont aussi beaux que les mets sont savoureux, et le service est tout à fait à la hauteur. L'extase se poursuit avec les desserts… Délicieux !

La Féérie des glaces à Québec

La ville de Québec et ses environs regorgent d'activités mettant la glace en vedette. Le climat froid de l'hiver québécois permet aux entrepreneurs de réaliser leurs rêves les plus fous et de nous les faire partager. Voici un échantillon des activités mettant en vedette ce que l'eau et le froid ont de mieux à nous offrir.

HÉBERGEMENT

HÔTEL DE GLACE

75, Montée de l'Auberge, Pavillon Ukiuk
Station touristique Duchesnay,
Sainte-Catherine-de-la-Jacques-Cartier
418-875-4522 / 1-877-505-0423
www.hoteldeglace.qc.ca

Accès par l'autoroute 40 Ouest, sortie 295; Ou 367 Nord. Ouvert du 4 janvier au 4 avril 2010. 36 chambres et suites. À partir de 324$ par personne, la nuit, en forfait. Des visites guidées grand public sont offertes tous les jours entre 10h30 et 16h30. Adulte 16$, étudiant-aîné 14$, enfant 6-12 ans 8$, 5 ans et moins gratuit, famille (2 adultes, 3 enfants) 40$.

Accédez à un monde magique où glace et neige se métamorphosent en des décors fabuleux. Depuis ses débuts, l'Hôtel de Glace a séduit plus d'un demi-million de visiteurs ! Avec ses voûtes de neige de plus de cinq mètres de haut et ses sculptures de glace cristalline qui côtoient le feu des foyers, l'unique hôtel de glace en Amérique se démarque tant par son esthétisme que par l'accueil chaleureux des employés. Une visite de l'Hôtel de Glace vous permettra d'admirer 36 chambres et suites thématiques, un espace détente nordique incluant spas et sauna, une chapelle de glace où plusieurs mariages sont célébrés chaque année, le Bar de Glace pouvant accueillir jusqu'à 400 personnes, le Café Glacé où cafés aromatisés et boissons chaudes sont servis ainsi qu'une glissade de glace amusant petits et grands. Une expérience féerique !

ACTIVITÉS

PARC DE LA CHUTE MONTMORENCY

2490, av. Royale, Québec | 418-663-3330
www.sepaq.com/chutemontmorency

6 km à l'est du centre-ville de Québec. Accès à la partie haute via l'avenue Royale (route 360) et à la partie basse via le boulevard Sainte-Anne (route 138). Bus 50 et 53. Stationnement automobile 9,25$. Téléphérique : Adulte 10,50$, enfant 5,25$, famille (2 adultes et enfants, stationnement inclus) 31,50$.

Escalader une chute d'eau plus haute que les chutes Niagara ? Et bien oui, c'est possible à Québec ! Une activité offerte grâce à la chute Montmorency, qui l'hiver, une fois gelée se transforme en pain de sucre géant. Cet énorme cône de glace est formé par la cristallisation de la vapeur d'eau en suspension. Des cours d'initiation à l'escalade sont offerts sur place par l'école l'Ascension. (418-647-4422). Pour les moins aventureux, sachez que le pain de sucre est un attrait en soi et qu'il attire chaque année de nombreux curieux qui viennent l'admirer, ou même se servir de la bosse formée à sa base pour des glissades !

TRAVERSIERS DU QUÉBEC

1 877-787-7483 | www.traversiers.gouv.qc.ca

Durée de la traversée : environ 10 minutes. Tarifs : Gratuit pour les 4 ans et moins, 1,95$ pour les 5 à 11 ans, 2,75$ pour les 12-64 ans, 2,50$ pour les 65 ans et plus. Le traversier Québec-Lévis offre en tout temps une vue exceptionnelle sur le Vieux-Québec, mais c'est lors des soirs d'hiver que le brise-glace nous donne l'impression de naviguer dans un monde magique. Avec le Château Frontenac et la vieille ville illuminée en arrière plan, le traversier voyage au travers des glaces du Saint-Laurent tout en les découpant en de multiples formes scintillantes telles du cristal flottant sur une eau noire.

LES PATINOIRES DE QUÉBEC

www.ville.quebec.qc.ca

En hiver, de nombreux parcs se transforment en patinoires à Québec. C'est l'occasion idéale de découvrir un des quartiers de la ville et de côtoyer les gens qui y habitent. Certains parcs offrent la location de patins.

LES GLISSADES DE LA TERRASSE

76, rue Saint-Louis | 418-692-2955

Voisines du Château Frontenac. Ouvert 15 déc-15 mars, tous les jours de 11h-23h. 2$ par descente, 1,25$ pour les moins de 6 ans. Gardez les yeux grands ouverts ! Attachez vos bonnets… À bord d'une traîne à neige allant jusqu'à 70 km/h, vous ressentirez une bouffée de plaisir accompagnée d'une vue imprenable sur le fleuve et le Château. Deux patinoires et une mini-cabane à sucre sont installées à proximité. Il est aussi permis de succomber à un chocolat chaud !

VILLAGE VACANCES VALCARTIER

1860, boul. Valcartier, Valcartier

418-844-2200 / 1 888 384-5524

www.valcartier.com

Ouvert tous les jours dès 10h. Centre de jeux d'hiver : adulte à partir de 21,26$, enfant à partir de 16,83$, 3-4 ans, 7,97$. En plus de ses circuits de glissades thématiques et du rafting, le village vacances Valcartier vous offre le karting de glace. Une activité qui permet de parcourir une piste de course en glace avec des véhicules munis de pneus à crampons.

ÉVÉNEMENTS

CARNAVAL DE QUÉBEC

Du 29 janvier au 14 février 2010

418-626-3716 | www.carnaval.qc.ca

Quand il fait bien froid et que n'importe qui resterait chez soi, une fièvre hivernale s'empare de la ville. La programmation du plus gros carnaval d'hiver au monde, autrefois synonyme de fête plutôt réservée aux adultes, s'adresse désormais aux petits aussi. Bonhomme Carnaval, bain de neige, découverte de cultures nordiques, activités hivernales et culturelles, sculptures de glace, animations de tous genres se réunissent pour faire découvrir le plaisir de l'hiver !

RED BULL CRASHED ICE

26 et 27 mars 2010 | www.redbullcrashedice.ca

Admission gratuite pour tous les spectateurs. Soyez témoin d'une descente infernale de plus de 500 mètres à travers les rues du Vieux-Québec. Alliant à la fois les sports du hockey, du ski de descente et le snowboardcross, ce parcours glacé remplis d'obstacles est le rendez-vous de plus de 100 compétiteurs provenant du Canada et de l'Europe et ayant un objectif en commun, arriver en bas…Le premier. Adrénaline garantie !

Revivre l'histoire au Clarendon

La capitale vient de fêter ses quatre cents ans. Profitez-en pour vous imprégnez du parfum de l'Histoire, en dormant dans un hôtel au passé chargé !

HÔTEL CLARENDON

57, Sainte-Anne | 418-692-2480 / 1-888-554-6001
www.dufour.ca

Chambre double à partir de 109 $. 6 salles de réunion et salons particuliers, stationnement intérieur payant, bar, restaurant. Plusieurs forfaits à prix avantageux sont proposés permettant de combiner la nuit avec une sortie au théâtre, des visites au musée, une journée de ski ou une soirée romantique. Le Clarendon est le plus ancien hôtel de la province de Québec. Le bâtiment, construit à partir des plans de Charles Baillairgé, date de 1870. Il est truffé d'histoire et de romantisme. Il fait partie du patrimoine socioculturel de la ville. Très bien situé, à l'intérieur des fortifications du Vieux-Québec, cet hôtel quatre étoiles est réputé pour son excellent service.

RESTAURANT LE CHARLES BAILLAIRGÉ

Dans l'Hôtel Clarendon
418-692-1511 / 1 888 554-6001
www.charlesbaillairge.com

Brunch : Ouvert tous les jours de 7h à 10h30. Midi : du lun-ven à partir de 11h30. Soir : du dim-jeu de 18h-21h30, ven-sam jusqu'à 22h. Du nom de l'architecte qui a dessiné les plans du Clarendon, il s'agit d'un des plus anciens restaurants gastronomiques du Canada encore en service aujourd'hui. Le chef varie son menu régulièrement, et prépare toujours des plats de qualité, en offrant une cuisine internationale aux saveurs de la région. À ne pas manquer : les soirées jazz les vendredis et les samedis soirs.

ACTIVITÉS ET VISITES

LES SERVICES HISTORIQUES SIX ASSOCIÉS

820, boulevard Charest Est, bureau 232
418-692-3033 / 1 877-692-3033
www.sixassocies.com

Circuit offert à l'année aux groupes, sur réservation. Visiteurs individuels : départs à heures fixes à partir du 24 juin. Réserver par téléphone ou par courriel. Visite en anglais et en français. Des circuits touristiques intelligents et très intéressants qui varient sur plusieurs thèmes insolites de l'histoire de Québec. « Le lys et le lion » propose un voyage de 400 ans d'histoire et montre comment ont cohabité les cultures anglaise et française dans la ville de Québec depuis sa fondation. « Luxure et ivrognerie » raconte l'histoire de la vie nocturne à Québec au XIXe siècle. Avec « Crimes et châtiments », découvrez les punitions infligées aux petits et grands criminels d'autrefois, du régime français à 1900.

TERRASSE DUFFERIN ET PROMENADE DES GOUVERNEURS

Cette promenade se situe au pied du Château Frontenac. C'est une longue

et large terrasse de planches balayée par le vent et surplombant le Saint-Laurent. Elle offre de magnifiques vues sur la basse-ville et le fleuve. La nuit, quand le Château est éclairé, le spectacle devient féerique. En hiver, on fait des glissades en luge, une attraction pour les amateurs d'adrénaline. La terrasse Dufferin se prolonge par la promenade des Gouverneurs, longue succession d'escaliers longeant la citadelle du côté du fleuve et qui aboutit aux Plaines d'Abraham (très belles vues).

MUSÉE DE L'AMÉRIQUE FRANÇAISE – SITE HISTORIQUE DU SÉMINAIRE DE QUÉBEC

2, côte de la Fabrique

418-692-2843 / 1 866-710-8031 | www.mcq.org

Ouvert du 24 juin au 7 septembre, tous les jours de 9h30 à 17h. Sept-juin, mar-dim de 10h à 17h. Fermé lun. Adultes 7$, aînés 6$, étudiants 4,50$, enfants 2$, 11 ans et moins gratuit. Entrée gratuite tous les mardis du 1er nov au 31 mai et les samedis de 10h à 12h du mois de janvier et de février. Il s'agit du plus ancien musée du Canada. Il se situe dans un bâtiment attenant au séminaire de Québec, fondé en 1663 par Mgr François de Laval. Le Musée de l'Amérique française est issu de la tradition religieuse et éducative européenne. Dès 1806, on y trouve une collection d'instruments destinés à l'enseignement des sciences, puis des collections de monnaies anciennes, de médailles, des collections de minéraux, de fossiles, de peintures, etc. Aujourd'hui le musée est tourné vers l'histoire de l'Amérique française et notamment sur le développement de la culture française sur le continent. L'exposition permanente se divise en îlots consacrés aux communautés francophones du continent : Acadie,

Les dessous de la Terrasse Dufferin

VISITES ARCHÉOLOGIQUES DU FORT ET DU CHÂTEAU SAINT-LOUIS

En 2005, des fouilles archéologiques ont débuté sous la terrasse Dufferin. Sur le site, où Champlain et Montmagny ont vécu, on s'attendait certes à découvrir de nombreux vestiges. Le résultat des fouilles en a surpris plusieurs par la quantité et la qualité des objets que l'on a ressortis. Plus de 500 000 fragments d'objets ont été répertoriés. Après 3 ans de fouilles, on décide alors d'ouvrir le site au public pour les festivités du 400e. Géré par Parcs Canada, un circuit à sens unique suivant les dalles authentiques des caves des châteaux Saint-Louis, guide les visiteurs à travers le site. En 2009, l'expérience a été répétée. Plusieurs projets sont envisagés pour les dessous de la terrasse Dufferin. Si vous passez par ici et que le site est toujours ouvert, allez le visiter… vous ne serez pas déçus. Pour plus de détails sur cet attrait : www.pc.gc.ca/fortifications

---

Louisiane, Québec, Franco Ontariens, francophones de l'Ouest, les Métis et les franco-américains de Nouvelle-Angleterre. Un film renforce l'intérêt de l'exposition. De nombreuses activités et expositions temporaires se renouvellent continuellement.

MUSÉE DE LA CIVILISATION

85, Dalhousie | 418-643-2158 / 1 866 710-8031

Ouvert du 24 juin au 7 sept, tous les jours de 9h30 à 18h30. Sept-juin, mar-dim de 10h à 17h. Fermé lun. Adultes 11$, aînés 10$, étudiants 8$, enfants 4$, 11 ans et moins gratuit. Entrée gratuite tous les mardis du 1er nov au 31 mai et les samedis de 10h à 12h des mois de janvier et de février. Le bâtiment (1988) est une réalisation du célèbre architecte Moshe Safdie. À l'intérieur, le musée propose plus de dix expositions thématiques à la fois. Il est organisé en deux sections : « Objets de civilisation » (mobilier, outils, costumes québécois) et « Mémoires » (quatre siècles d'histoire et de culture). Il faut absolument voir l'exposition « Nous, les premières Nations » qui décrit la vision du monde et le mode de vie des 11 nations autochtones peuplant le territoire du Québec. Récemment, deux nouvelles expositions permanentes se sont ajoutées au musée; Neurones en action et Territoires.

LIEU HISTORIQUE DES FORTIFICATIONS DE QUEBEC

100, rue Saint-Louis

418-648-7016 / 1 888-773-8888

www.pc.gc.ca/fortifications

Mi-oct à mai : sur réservation, mai à sept : lun-dim de 10h-18h, sept-oct lun -dim de 10h à 17h. Possibilité de suivre la visite guidée «Québec ville fortifiée». Durée: 90 minutes. Québec est la seule ville d'Amérique du Nord ayant conservé ses fortifications. Ce qui lui a valu d'être proclamée joyau du patrimoine mondial par l'Unesco en 1985. Le centre d'interprétation des fortifications de Québec raconte plus de trois siècles d'histoire, de façon ludique et interactive. La grande muraille est pourvue d'un sentier d'orientation expliquant, à l'aide de panneaux, l'évolution du système de défense de la ville.

Séjour tendance au Vieux-Port de Québec

La basse-ville du Vieux-Québec est une invitation au coeur de l'histoire, mais aussi une porte ouverte sur le Saint-Laurent, riche de nombreux attraits. Nous vous proposons de les découvrir à travers des établissements d'exception où vous profiterez de ce que Québec a de plus beau à offrir.

© NRL

HÉBERGEMENT

HOTEL LE GERMAIN-DOMINION

126, rue Saint-Pierre
418-692-224 / 1 888-833-5233
www.hoteldominion.com

Chambre double à partir de 169 $, petit déjeuner inclus. Bureau, air conditionné, lecteur CD, Télévision câblée, Internet sans fil gratuit. Bar-lounge. Le concept : un hôtels design qui s'adapte au gré du temps. Beau, zen, tout confort… Le luxe à l'état pur mais pas clinquant. Trois pommes vertes à chaque étage vous rappellent que vous êtes dans un hôtel Germain. Un hôtel digne des meilleurs magazines de décoration. À notre avis, le Dominion est le plus beau des hôtels Germain.

HÔTEL LE PRIORI

15, rue du Sault-au-Matelot
418 692 3992 – 1 800 351 3992
www.quebecweb.com/lepriori

Chambre double : 129 $ 599 $. 21 chambres dont 5 suites. Petit déjeuner inclus, stationnement disponible. Un refuge fier de l'héritage de son bâtiment de 1734, logé tout près du quartier Petit Champlain et de la Place Royale. Vous apprécierez l'audace de l'apport Art déco au style très contemporain. Chaque chambre se pare de matériaux précieux : mur de brique, céramique, boiserie, pierres… Les lits sont très confortables et les couettes garnies à souhait. Certaines suites sont munies d'une cheminée, d'un Jacuzzi, d'une cuisine équipée, d'un salon et d'un espace de travail. Le ton contemporain accompagne les raffinements du confort moderne. Pour agrémenter l'ensemble, le restaurant, Le Toast, vous invite à découvrir une cuisine raffinée dans un cadre de qualité. De quoi profiter sans modération du jardin terrasse, qui est des plus agréables.

RESTAURANT

LE 48

48, rue Saint-Paul | 418-694-4448
www.le48.ca

Ouvert tous les jours de 7h à 23h, terrasse dim-mar de 7h à minuit, mer-sam de 7h à 1h. Les plats vont de 10,95$ à 22,95$. Menu du midi 10,95$-15,95$. TH soir plats (7,95$- 22,95$) + 4$. On reste encore étonné par l'excellence du rapport qualité-prix de ce restaurant branché situé dans le Vieux-Port. On y déguste des grands classiques et des plats « fusion » des plus originaux. Explorez le très populaire saumon de Madagascar ou bien le tartare de bœuf Angus à la thaï. La terrasse est idéale pour la dégustation d'un assortiment de tapas piochées parmi les savoureuses « tentations du 48 », allant de la crevette géante dans sa tempura à la bière rousse en passant par le satay de bœuf aux deux sésames et kikomen. À l'intérieur du restaurant, le décor acrobatique met en scène des voiles colorés sur fond de murs noirs, des miroirs aux moulures nouées d'arabesques, et des cubes comme sièges où se poser. Une musique lounge parfume l'atmosphère pendant que les assiettes

sont élaborées avec grâce devant le public. Bref, c'est une réussite sur toute la ligne !

VISITER

RUE SAINT-PAUL

Ouverte en 1816, la rue Saint-Paul relie la vieille ville, le port et le faubourg Saint-Roch. Entre 1833 et 1883, le marché Saint-Paul généra des activités économiques intenses. Toujours aussi achalandée, la rue Saint-Paul est parmi les premières rues de Québec à bénéficier des nouvelles améliorations qu'apporte le progrès : le gaz et le tramway. Aujourd'hui, cette charmante rue est renommée pour ses boutiques d'art et surtout d'antiquités.

RUE SAINT-PIERRE

C'était, au XIXe siècle, le quartier des affaires. Le nombre de banques parle de lui-même : Banque nationale, ancienne Banque Molson, Banque Impériale du Canada, Banque Canadienne de Commerce. C'est pourquoi certains l'ont surnommée : la « Wall Street de Québec ». Aujourd'hui, elle abrite plusieurs beaux hôtels.

VIEUX-PORT

Il contribua à l'essor de la ville et joua un rôle primordial jusqu'à la fin du XIe siècle. Aujourd'hui on y trouve l'Agora, un amphithéâtre à ciel ouvert qui propose des concerts en été. À quelques pas, se niche le Centre d'Interprétation du Vieux-Port de Québec (100, Saint-André) qui souligne le rôle prépondérant du port au XI siècle. Une promenade en planches a été aménagée le long de la marina (port de plaisance). S'y trouve également un marché couvert sympathique et animé, où on déniche tous les produits locaux.

CENTRE D'INTERPRÉTATION DE LA PLACE ROYALE

27, rue Notre-Dame
418 646 3167 – 1 866 710 8031
www.mcq.org

Ouvert : du 24 juin au 7 septembre, tous les jours de 9h30 à 17h. Septembre juin, mardi dimanche de 10h à 17h. Fermé lundi. Adultes 6$, aînés 5$, étudiants 4$, enfants 2$, 11 ans et moins gratuit. Entrée gratuite tous les mardis du 1er novembre au 31 mai et les samedis de 10h à 12h du mois de janvier et de février. Le Centre d'Interprétation de la Place-Royale, situé dans un superbe bâtiment de la Place Royale fait revivre de façon très vivante les 400 ans d'histoire de cette place. L'exposition est conçue de façon très ludique. Par exemple, 11 objets « mystères » étranges sont disséminés, chacun contenant une énigme. Un spectacle multimédia et des visites guidées, à l'intérieur en hiver et dehors en été, contribuent au dynamisme de la visite.

LE MOULIN À IMAGES

Silo Bunge, sur les quais, entre le Marché du Vieux-Port et la rue Dalhousie, au nord du quai Saint-André. Du 3 juillet au 13 septembre, du mer au dim (tous les soirs durant les vacances de construction mi-juillet à début août). Juillet : 22h, Août : 21h30, Septembre : 21h. Gratuit. Le Moulin à images est la plus grande projection architecturale existante à ce jour. Un média qui a su rassembler différents arts de la scène (musique, cinéma, théâtre) et formé un seul langage. 400 ans d'images qui défilent avec une technologie telle que pour un instant on a l'impression que les silos qui nous font face prennent vie ! Tel un livre, Robert Lepage et ExMachina, nous racontent l'histoire de Québec à travers différents tomes représentant les grandes époques de la ville. Il est possible d'écouter la trame du spectacle sur la fréquence 97.5.

Rendez-vous au 48

| 48 Saint Paul | Vieux Port | Québec |
| www.le48.ca |

LE 48 SAINT-PAUL
CUISINE MONDE
694.4448

Circuit socialement responsable

Commerce équitable, alimentation bio : vous trouverez comment agir pour consommer de façon « responsable » dans les établissements suivants.

HÉBERGEMENT

AUBERGE L'AUTRE JARDIN

365, Charest E | 418-523-1790 / 1 877-747-0447
www.autrejardin.com

Été : chambre régulière : 127$, chambre de luxe 143$ et suite 195$. Hiver : chambre régulière 94$, de luxe 114$ et suite 159$. 28 chambres dont trois suites. Salles de réunion, bain thérapeutique dans certaines chambres, Internet sans fil gratuit, petit-déjeuner offert. Stationnement payant à proximité. Auberge située dans le quartier Saint-Roch. L'auberge est née d'une initiative novatrice d'économie sociale développée par Carrefour Tiers-Monde, un organisme de solidarité internationale. Résultat : un hôtel trois étoiles, très confortable et œuvrant pour la solidarité internationale et le développement local. On le remarquera notamment dans la jolie boutique qui vend des bijoux et des vêtements issus du commerce équitable et au buffet du petit déjeuner où sont servis des produits locaux. L'auberge l'Autre Jardin prouve que tourisme durable et séjours d'affaire font la paire : bureau, climatisation, Internet, téléphone et sérénité garantis dans chaque chambre ! Les chambres sont belles, décorées chaleureusement et avec personnalité. Tout le monde y trouve son compte puisque trois catégories de chambres sont proposées : régulière, luxe

et suite. Quant à l'accueil, il est très doux et professionnel. À recommander sans hésitation.

MAGASINAGE

BOUTIQUE ÉQUIMONDE

365, boul. Charest E
418-647-5853
www.carrefour-tiers-monde.org

Ouvert lun-mer et sam de 9h à 17h et jeu-ven de 9h à 21h. Une très jolie boutique affiliée au Carrefour Tiers Monde. C'est une excellente adresse pour des idées de cadeaux. On y trouvera notamment de belles housses de coussin, des décorations de Noël, des vases, des chandelles, tous produits dans des conditions équitables. Les amateurs de produits alimentaires équitables et biologiques pourront acheter du thé, du chocolat, des noix, etc. Sans oublier les produits de beauté.

KETTO

951, Cartier | 418-522-3337
www.kettodesign.com

Ouvert lun-mer de 10h à 17h (jusqu'à 19h en été), jeu-ven 10h-21h, sam-dim 11h-17h. Julie Saint-Onge Drouin est une artiste québécoise qui a commencé en créant des bijoux en céramique. Elle nous présente ici l'intégralité de ses créations. Le design déluré de petits personnages rigolos se retrouve sur des tee-shirts, de la vaisselle, des pots de fleurs, des cartes postales, des autocollants, des bijoux, des miroirs, et même des bobettes. Mais surtout, tout ici est fait à Québec, en commençant par sa peinture, produite en Basse-ville. C'est mignon et rigolo, parfait pour faire un cadeau.

SORTIR

CAFÉ NAGUA

990, 1ᵉ avenue | 418-521-2250
www.plannagua.qc.ca
Ouvert du lun-ven à partir de 11h, sam-dim à partir de 9h. Internet sans fil gratuit. Ce café est une innovation du Plan Nagua, organisme à but non lucratif visant à accroître la compréhension des enjeux du développement durable et d'établir des relations Nord-Sud équitables. Le concept du café est d'offrir à sa clientèle des produits issus du commerce équitable, de l'économie sociale et locale et de l'agriculture biologique. Du déjeuner à tard dans la soirée, la cuisine vous offre des produits des petites entreprises environnantes telles que des confitures, des saucisses et de la bière de microbrasserie. Diverses activités sont organisées sur place; ateliers de conversation, expositions, 5 à 7, soirées thématiques, théâtre d'intervention. Un coin boutique est aménagé pour la vente de produits équitables.

LA BARBERIE

310, Saint-Roch | 418-522-4373
www.labarberie.com
Ouvert tous les jours de 12h à 1h. l et comptant seulement. Terrasse. Sélection de bières brassées sur place. Des bières uniques à déguster dans un bar aux allures vikings. Plus de 130 recettes de bières ont été élaborées dans cette brasserie de Québec. Des 5 à 7 de dégustation, des partys de bureau ou autres évènements peuvent être organisés. On vous suggère fortement le carrousel de bières hautement ludique et qui vous fera découvrir les spécialités maisons. Dès qu'il fait beau, profitez de la terrasse, très ensoleillée. On notera que la Barberie est également une coopérative qui s'engage au niveau communautaire. Preuve en est, la bière Brasse-Camarade, dont un certain pourcentage des ventes est versé aux fond du FEECQ (Fond d'Emprunt Économique Communautaire de Québec), venant en aide au financement de projets viables dans la communauté.

CONSOMMER BIO

ALIMENTS DE SANTÉ LAURIER

Place Laurier, 2700, Laurier
418-651-3262 | www.alimentssante.com
Ouvert lun-mer de 10h à 17h30, jeu-ven de 10h à 21h, sam de 9h à 17h, dim de 10h à 17h. C'est vraiment un endroit étonnant. Tout d'abord avec ce décor bleu effet plastique et ce plafond greffé é de tuyaux qui détonnent totalement avec le concept bien-être. Mais on est surtout frappé par l'organisation du magasin. On se croirait dans une ville à échelle humaine avec sa rue principale et à sa perpendiculaire les rues de l'alimentation, des suppléments alimentaires, de l'aromathérapie… Il révèle aussi d'autres ressources puisqu'il abrite un salon de coiffure, d'esthétique et de massothérapie, une section musique du monde et livres zen, idées cadeaux et accessoires, comme les oreillers ou bandes énergie. Et ce toujours dans cette même perspective de recherche du bien-être, de communion avec la nature. Des consultations privées en nutrition sont également proposées.

Le tour de l'Île d'Orléans

D'une superficie de 192 km², l'île n'a rien perdu de sa tranquillité qui inspira le chanteur Félix Leclerc (il y vécut jusqu'à sa mort). Avec ses églises aux clochers effilés et ses demeures normandes du XVIIIe siècle, elle perpétue l'image de la vie rurale en Nouvelle-France. Mais surtout, l'île d'Orléans est un véritable havre de paix, un endroit bucolique, un lieu calme et magique.

HÉBERGEMENT

AUBERGE LA GOÉLICHE

22, chemin du Quai,
Sainte-Pétronille, Ile d'Orléans
418-828-2248 / 1 888 511-2248
www.goeliche.ca

Chambre double, par personne, à partir de 104$ en été, à partir de 64$ en hiver, petit-déjeuner inclus. Pour les amoureux du bucolique et de l'Ile d'Orléans, cette auberge au charme enchanteur répond à toutes les attentes en possédant une très bonne table. L'auberge profite du charme propre à Sainte-Pétronille. Seize chambres douillettes, des chalets, une piscine extérieure et un service de massothérapie sont réunis pour vous plonger dans le plaisir le plus doux. Quant au restaurant, ce dernier possède des terrasses et une verrière qui vous permettront, tout en dégustant un excellent repas, d'admirer la vue sur le fleuve et le Vieux-Québec.

MAISON DU VIGNOBLE

1071, chemin Royal, Saint-Pierre, Ile-d'Orléans
418-828-9562
www.isledebacchus.com

Chambre double 80-95. 4 chambres avec salle de bain privée, petit-déjeuner et apéro en fin de journée inclus. Au cœur de ce vignoble se trouve une gentille maison ancestrale qui accueille la lumière du jour et offre une vue spectaculaire de couchers de soleil sur le fleuve. Un gîte tendre et joliment entretenu par les propriétaires Lise Roy et Donald Bouchard, qui se font un plaisir de nous présenter leur vin. Près du foyer sur la terrasse, ou près de la cheminée dans la salle de séjour, on trouve un confort à l'image de nos hôtes très chaleureux.

AUBERGE LE P'TIT BONHEUR

183 & 186 côte Lafleur, Saint-Jean, île d'Orléans
418-829-2588 | www.leptitbonheur.qc.ca

En chambre privée : 50$ pour 1 personne, 70$ pour 2 personnes (24$ personnes additionnelles, 12$ pour les enfants). Dortoir : 23$ par personne, enfants de 6 à 12 ans 12$. Tente amérindienne (Wigwam) : 35$ (petit-déjeuner inclus). Camping : 16$. 4 chambres privées. Petit-déjeuner 5$, Le bonheur se tient ici, dans cette maison champêtre, tricentenaire, qui sent le pain chaud et la bonne humeur. Les poules picorent au jardin, pendant qu'on vous prépare un bon petit-déjeuner, ressourcement nécessaire avant de partir en balade à cheval en charrette. L'hiver, on s'adonne librement à la raquette, au ski de fond, au traîneau à chien et autres activités de plein air. La tente amérindienne (Wigwam) est moelleusement calfeutrée de fourrures. Il ne manque plus que le calumet de la paix.

DANS LES ENVIRONS DE QUÉBEC

1180, chemin Royal, Saint-Jean-de-l'Ile-d'Orléans | cafebistrodelaplage@yahoo.ca | 418 829-3315

RESTAURATION

CAFÉ BISTRO DE LA PLAGE

1180, chemin Royal, St-Jean-Île-d'Orléans
418 829-3315 | http://www.iledorleans.com/fra/
artisans/cafe-bistro-de-la-plage.asp

Ouvert en saison, de début mai à fin octobre (les dates varient), lun-dim 12h-21h. I, MC, V. Surplombant le magnifique fleuve St-Laurent, ce restaurant à l'ambiance chaleureuse vous offre une superbe vue à 180°, à travers ses larges fenêtres ou directement sur sa vaste terrasse. Le cadre est magnifique et la cuisine ne gâche rien, avec une carte de type bistro proposant grillades et poissons, salades, pizzas à pâte fine, pâtes et sandwiches. Menu du jour le midi, et tables d'hôte tous les soirs. Une belle sélection de bières de microbrasseries et de cidres complète la carte des vins, pour compléter le repas de façon harmonieuse. Parfait pour la détente !

SE SUCRER LE BEC

CHOCOLATERIE DE L'ÎLE D'ORLÉANS

150, chemin du Bout de l'Île, Ste-Pétronille
418-828-2250 | www.chocolaterieorleans.com

Ouvert tous les jours, nov-mai de 9h30 à 17h30, juin-oct de 9h30 à 20h. 8,40$/100 gr. de confiseries, 4,72$/100 gr de chocolat en écorce. Aménagés dans une résidence de plus de 200 ans, cette boutique et son centre d'interprétation sauront vous charmer avec leurs effluves chocolatées. La matière première provient soit de France, soit de Belgique. La chocolaterie la transforme en des produits de très bonne qualité qui sont distribués aux commerces de la région ou vendus sur place. Plus de 24 sortes de chocolats s'y retrouvent au gré des saisons et des fêtes : truffes, cerises, pralinés, beurre d'érable, etc. L'été, les sorbets et les glaces « maison » méritent votre attention. Section café-bistro. De mi-mai à mi-octobre, ouverture du resto-café à partir de 10h.

VISITE

La route 368 permet d'en faire le tour (68 km) et offre de superbes vues sur la côte de Beaupré et le Mont Sainte-Anne, ainsi que sur les rives du Bas-Saint-Laurent. Six localités jalonnent le parcours. Vous pourrez faire un arrêt à Saint-Laurent, le centre maritime de l'île (construction navale au XIe siècle); à Saint-Jean pour visiter le manoir Mauvide-Genest (visite guidée mai à octobre 10h-17h), datant de 1734; au village de Sainte-Famille (la plus ancienne paroisse de l'île, fondée par Mgr de Laval en 1669) pour jeter un coup d'œil à l'église de 1748, qui se distingue par ses trois clochers; enfin, à Saint-Pierre, dont l'ancienne église du XVIIIe siècle fut rénovée vers 1830.

DANS LES ENVIRONS DE QUÉBEC

Culture et plein air à Wendake

En 2008, la Nation Huronne de Wendake a vu la finalisation de plusieurs chantiers d'importance. Un hôtel musée des Premières Nations y a vu le jour ainsi qu'une nouvelle salle de spectacles en plein air. Un sentier pédestre longeant la rivière Saint-Charles y a également été inauguré. Ces nouveautés intéressantes viennent compléter une offre déjà existante d'activités culturelles et de promenades à faire à pied ou en vélo.

+ Pour plus d'infos : www.wendake.ca

HÉBERGEMENT

HOTEL-MUSÉE DES PREMIÈRES NATIONS

5, Place de la Rencontre Wendake

418-847-2222 / 1 866-551-9222

www.hotelpremieresnations.ca

Chambre confort à partir de 99$, suite junior à partir de 119$ et suite exécutive à partir de 190$. Divers forfaits disponibles. Restaurant et bar sur place. Musée : du 24 juin à la fête du travail (début sept.) ouvert tous les jours de 9h-20h, de la fête du travail au 1ᵉʳ nov du dim-mer de 9h-16h et du jeu-sam de 9h-20h, du 2 nov au 23 juin dim et mer de 9h-16h, du jeu-sam de 9h-20h, lun-mar sur réservation pour groupes et clients de l'hôtel. Visites guidées également disponibles. Entrée : adulte 8$, aîné 7$, étudiant 6$, enfant 3$, famille : 20$. Forfait découverte disponible incluant la visite du musée, des sites historiques du village et la découverte de la chute Kabir Kouba. Un hôtel quatre étoiles, au concept vraiment original : les Premières Nations du Québec mais aussi d'autres régions de l'Amérique du Nord comme du Sud sont mises en valeur dans un cadre très contemporain. Les numéros de porte de chambres sont des pièces d'artisanat, faites dans la nation huronne

Wendake, dans laquelle se trouve l'hôtel. Des peaux de renard, castor, loup, chassés par des Amérindiens décorent l'accueil et les chambres. Une grande partie du personnel est d'origine amérindienne. Le restaurant La Traite est un must : une cuisine inspirée des diverses traditions amérindiennes d'Amérique, arrangées avec beaucoup de talent et pour des prix très raisonnables. Le musée présente des pièces intéressantes sur l'histoire des premières Nations.

RESTAURANT

SAGAMITÉ RESTAURANT TERRASSE

10, boul. Maurice-Bastien, Wendake

418-847-6999 | www.wendake.com/sagamite

Ouvert 7j/7. La cuisine ferme à 22h sauf le vendredi et samedi à 23h. Menu midi : 9,45-13,95$, TH soir : 23,95-36,95$. Au cœur du village huron, la Sagamité propose dans un cadre très agréable (on entend les chutes Kabir Kouba) une ambiance et des mets typiquement autochtones. On ne manque pas de goûter à la

DANS LES ENVIRONS DE QUÉBEC

Sagamité, la soupe traditionnelle, ou à la potence de gibiers, disponible uniquement dans ce restaurant.

CULTURE

KIUGWE – LE GRAND RENDEZ-VOUS
Amphithéâtre de la Nation, Place Desjardins
100, boul. Bastien, Wendake
www.kiugwe.com

Billets en vente avec le réseau Billetech : www. billetech.com Dates pour 2010 à confirmer mais le spectacle devrait avoir lieu de juillet à septembre. Le spectacle a lieu dans un tout nouvel amphithéâtre, en plein air, à deux pas des chutes Kabir Kouba. À travers des légendes amérindiennes, les acteurs retracent l'histoire du monde. Les spectateurs sont invités à se déplacer avec la troupe vers des lieux importants de Wendake. De retour dans l'amphithéâtre, un spectacle haut en couleurs les attend.

WENDAKE VILLAGE SITE TRADITIONNEL DES HURONS WENDAT ONHOÜA CHETEK8E
575, rue Stanislas-Koska, Wendake
418-842-4308 | www.huron-wendat.qc.ca

Accès par le boul. Laurentien (73 Nord), sortie 154 vers Saint-Émile, puis la rue Max-Gros-Louis Nord. Visite guidée toute l'année (2h) : Adulte 12$, 13-17 ans 9$, 7-12 ans 7$, 6 ans et moins gratuit. Forfait spectacle, repas et visite disponible. Une visite intéressante qui explique bien le mode de vie des hurons d'hier à aujourd'hui. Forfait « canot et tradition » en été, « raquette et nature » en hiver. Ce village amérindien propose une fidèle reproduction du mode de vie de la nation des Hurons (Wendat). On visite la maison longue traditionnelle. On verra aussi un fumoir à poissons, un sauna - hutte de sudation où l'on jetait de l'eau bouillante sur des pierres - et un tipi en voile de bateau. On assistera à des danses et à des démonstrations de fabrication artisanale de canots

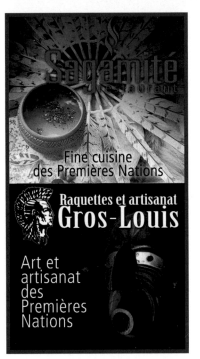

d'écorce et de raquettes à neige. Boutique d'artisanat amérindien, librairie spécialisée en littérature et musique amérindiennes, restaurant Nek8arre où l'on peut déguster de la cuisine amérindienne (entre 15$ et 30$ par personne), traditionnelle et nouvelle.

PLEIN AIR

CANOTS LÉGARÉ
12766, Valcartier, Loretteville
418-843-7979 | www.canotslegare.com
Ouvert du sam au mar de 9h à 17h, du mer au ven de 9h à 21h. Cours lundi et mardi de 18h30 à 21h. Cette entreprise familiale, qui a près de 100 ans propose diverses embarcations à louer pour profiter de la beauté de la rivière Saint Charles.

CORRIDOR DES CHEMINOTS
Cette piste cyclable s'étend sur 22 km. Elle mène à d'autres pistes de la région.

DANS LES ENVIRONS DE QUÉBEC

SOCIÉTÉ TOURISTIQUE DES AUTOCHTONES DU QUÉBEC
QUEBEC ABORIGINAL TOURISM CORPORATION

Photo: Waswanipi Lodge

Notre culture, votre plus belle aventure !

Une des plus grandes richesses que recèle le Canada se trouve dans la beauté et la diversité de ses peuples amérindiens.

Les premiers habitants du Nouveau Monde

L'arrivée des premiers hommes sur le territoire actuel du Québec remonterait à 10 000 ans, soit bien longtemps avant la découverte du Nouveau Monde par les Européens à la fin du XVᵉ siècle. Des petits groupes de chasseurs nomades partis d'Asie arrivent alors par le détroit de Béring et progressent vers les terres à l'est, selon un parcours migratoire propre à chaque nation, en fonction de leurs différents modes de vie et de l'environnement difficile auquel ils doivent s'adapter. Ils développent pour ce faire des techniques de chasse, de transport ou d'habitations ingénieuses et toujours en pratique.

Certaines communautés finissent par se sédentariser pour pratiquer l'agriculture, comme les Iroquois le long du fleuve Saint-Laurent, pendant que d'autres restent nomades, vivant de chasse, de pêche et de cueillette, se plaçant au rythme des saisons et des migrations d'animaux, tels que caribous, originaux, oies sauvages ou saumons.

Appelés à tort « Indiens » pendant 300 ans parce que les Européens de jadis croyaient avoir découvert les Indes, les premiers habitants du Nouveau Monde sont aujourd'hui qualifiés d'« Amérindiens ». De même, les Autochtones du Grand Nord arctique, grands maîtres de la chasse aux mammifères marins arrivés en kayak il y a 6 000 ans, ne sont plus désignés sous le nom d'« Esquimaux » mais d'« Inuit ».

La rencontre de toutes ces populations autochtones avec les premiers explorateurs européens va profondément marquer l'évolution des modes de vie et façonner l'histoire unique de ce pays. Tout en transmettant aux Européens beaucoup de leur savoir-faire, comme par exemple la fabrication de canoës et de raquettes ou l'exploitation de l'eau d'érable, les Amérindiens et Inuits d'hier ont subi de plein fouet le choc culturel occidental, devenant dépendant de technologies introduites par les colons au moment de l'essor de la pêche ou de la traite de fourrures, victimes de maladies apportées du Vieux Monde, bouleversés par les nouveaux concepts de profit et de concurrence quand leurs coutumes n'étaient que partage et équité.

Il revient aux Autochtones d'aujourd'hui à faire face aux transformations modernes de leur environ-

nement, en même temps qu'à gérer un héritage humain et culturel ancestral qui leur a inculqué au fil des âges un respect profond pour la nature à laquelle ils se sont unis, ainsi qu'un attachement puissant à leurs traditions et à leurs valeurs.

Les Amérindiens du Québec d'aujourd'hui

La STAQ propose aux visiteurs des expériences absolument uniques auprès des premiers peuples, des expériences qui vous amèneront à découvrir les racines même de l'Amérique.

Tout en permettant d'offrir une diversité très marquée de produits touristiques en milieu autochtone.

L'essor marqué des dernières années de la demande internationale en matière de tourisme ethnoculturel, d'écotourisme et de tourisme d'aventure a créé un important créneau parfaitement adapté à la croissance et au développement des produits touristiques autochtones.

Les 11 Nations du Québec ont ici rassemblé ce qu'ils ont de plus précieux à offrir en termes de tourisme ethnoculturel et de tourisme d'aventure. Peu importe vos besoins et vos moyens, un voyage au Québec ne sera jamais complet sans avoir vécu l'expérience autochtone. Hébergement, restauration, expédition, artisanat ou croisières, tout pour faire de vos vacances le plus marquant de vos souvenirs.

L'hospitalité et le partage font partie des valeurs traditionnelles des Autochtones, qu'ils soient Amérindiens ou Inuits. Ils accueillent avec chaleur les visiteurs curieux de découvrir les aspects méconnus d'un patrimoine qui s'est façonné au cours des millénaires en terre d'Amérique. Apprenez avec eux les leçons que leur prodigue la nature depuis des temps immémoriaux.

L'espace de quelques heures ou de quelques jours, devenez, comme l'eau, l'arbre, le loup ou le caribou, un élément à part entière de l'univers! Placez l'authenticité sur votre chemin!

Société touristique des Autochtones du Québec
50, boul. Chef-Maurice-Bastien, local 220
Wendake (Québec) CANADA G0A 4V0

SANS FRAIS
- CANADA : **1 877 698 7827**
- France : numéro vert poste fixe : **0 800 90 77 77**
- Belgique : numéro vert poste fixe : **0 800 78 532**
Partout dans le monde : **1 514 873 2015**

www.staq.net

LES AUTOCHTONES DU QUÉBEC

Votre **culture**, votre plus belle **aventure!**

Nations autochtones
du Québec

Ivujivik
Salluit
Kangiqsujuaq
Quaqtaq
Akulivik
Kangirsuk
Puvirnituq
Aupaluk
Kangiqsualujjuaq
Inukjuak
Tasiujaq
Kuujjuaq

H

Umiujaq
Kuujjuarapik
Whapmagoostui

Kawawachikamach
Matimekush

G

OFFICIEL / OFFICIAL
2009-2010
LES AUTOCHTONES DU QUÉBEC
QUÉBEC ABORIGINALS

Votre culture,
votre plus belle
aventure!

Our culture,
your greatest
adventure!

Pour planifier votre prochain
voyage ou pour commander
GRATUITEMENT le guide
touristique, composez
les numéros ci-bas.

Chisasibi
Wemindji
Eastmain
Waskaganish
Nemiscau

Mistissini
Oujé-Bougoumou
Waswanipi

Pakua Shipi

Uashat mak
Mani-Utenam
Mingan
Natashquan
Le Romaine

D

Sept-Îles

K

Betsiamites

Pikogan
Val-d'Or
Obedjiwan
Mashteuiatsh
Essipit
Gespapegiag
Gespeg

Témiscaming
Lac-Simon
Ville Saguenay
Listuguj
Gaspé

A
Grand-Lac-
Victoria
Rapid
Lake
Manawan
Wemotaci
B
Cacouna/
Whitworth

Winneway
Wendake

Wolf Lake
C
Québec

ÉagleVillage -
Kipawa
I
E
Kanesatake
Wôlinak
Odanak

Kitigan Zibi
J

Akwesasne
F
Montréal
Kahnawake

Légende de nations

	Inuits
	Abénakis
	Algonquin
	Atikamekw
	Cris
	Hurons-Wendat
	Malécite
	Micmac
	Mohawk
	Innus • Montagnais
	Naskapis

Légende des régions

A	Abitibi-Témiscamingue
B	Bas-Saint-Laurent • Gaspésie
C	Centre-du-Québec • Mauricie
D	Côte-Nord
E	Lanaudière • Laurentides
F	Montréal • Montérégie
G	Nord-du-Québec • Baie-James
H	Nord-du-Québec • Nunavik
I	Outaouais
J	Québec
K	Saguenay • Lac-Saint-Jean

staq

SOCIÉTÉ TOURISTIQUE DES AUTOCHTONES DU QUÉBEC
QUÉBEC ABORIGINAL TOURISM CORPORATION

www.staq.net

Composez sans frais
1 877 698-STAQ (7827)

Sans frais en France: Numéro vert poste fixe: **0 800 90 77 77**
Sans frais en Belgique: Numéro vert poste fixe: **0 800 78 532**
Partout dans le monde: **1 514 873 2015**

Plein air à l'Hôtel Val-des-Neiges Mont-Sainte-Anne

Été comme hiver le Mont Sainte-Anne et ses environs regorgent d'activités de plein air. Les amateurs de sensations fortes y trouveront de quoi combler leur besoin d'adrénaline.

HÔTEL VAL-DES-NEIGES

201, rue Val-des-Neiges
Mont-Sainte-Anne, Beaupré
418-827-5711 / 1-888-554-6005
www.dufour.ca

À partir de 89$ la chambre. Forfaits disponibles. Piscine intérieure, bains à remous extérieur 4 saisons, billard, navette vers les pistes de ski du Mont-Ste-Anne, golf.
L'endroit idéal pour profiter des activités quatre saisons du Mont Sainte-Anne et de ses environs. En effet, l'hôtel se situe au pied des pistes de la station de ski du mont, très réputée. Plus encore, la station du Massif de la Petite Rivière Saint-François, dans la magnifique région de Charlevoix se trouve à 20 minutes de l'hôtel. Les amateurs de ski alpin ou de surf auront donc l'embarras du choix ! Les fondeurs aussi car les domaines sont nombreux à la fois dans le coin de Beaupré et du Massif. En ce qui concerne l'hôtel Val-des-Neiges, il a largement de quoi satisfaire les besoins des familles et des couples. La piscine intérieure, le bain à remous offrent une bonne alternative pour l'après-ski. La plupart des chambres ont une très belle vue sur la montagne. C'est le cas aussi de l'Altitude, le restaurant de l'hôtel qui propose une cuisine internationale avec les produits du terroir de la région.

ACTIVITÉS D'HIVER

DOMAINE SKIABLE DU MONT-SAINTE-ANNE

2000, boul. Beau-Pré, Beaupré
418-827-4561 / 1 888-827-4579
www.mont-sainte-anne.com

De mi-novembre à fi n avril. Horaire des remontées : lun-ven de 9h à 15h45 et de 16h à 21h (entre 4 et 7 soirs par semaine selon la saison), sam-dim 8h30-15h45. Abonnement à la semaine disponible. Ski de fond et excursions en raquette. La plus ancienne, et la plus importante station de ski de la région… ce qui promet beaucoup de plaisir sur les 66 pentes de ski, dont 17 sont éclairées. En haut des pistes, juste avant de se jeter dans la poudreuse, admirez la vue sur le fleuve. École de ski, boutiques de location d'équipement, services de restauration et garderie.

LES SECRETS NORDIQUES

100, rue Beaumont, Beaupré
418-827-2227 | www.lessecretsnordiques.com

Interprétation du village canin de mi-décembre à mi-mars, 5$/pers. Située au Mont-Sainte-Anne, cette entreprise de passionnés de la nature propose des sorties d'initiation au traîneau à chiens pour tous (groupes, familles). On y découvre aussi la vie des 65 chiens nordiques

DANS LES ENVIRONS DE QUÉBEC

au village canin, en compagnie d'un guide interprète. Une expérience inoubliable. Possibilité de rando-neige ou traîneau à chiens (Adulte 92 $-132 $, enfant 42 $-82 $).

ZONESPA RELAIS SANTÉ
186, rang Saint-Julien
418 826 1772 - 1 866 353 1772
www.zoneSpa.com
Ouvert du 13 avril au 14 décembre du lundi au mercredi de 10h à 18 et du jeudi au dimanche de 10h à 19h et du 15 décembre au 12 avril du lundi au mercredi de 10h à 19h et du jeudi au dimanche de 10h à 21h. Entrée au Spa et accès aux activités : 36$ pour 3 heures. Massage à partir de 70$ l'heure. Restauration légère sur place.
Ce spa nordique est luxueux. Outre le sauna et hammam, vous pouvez vous prélasser autour du lac dans lequel vous vous baignerez (l'hiver, faites un trou dans la glace !), puis rincez-vous sous une douche revitalisante. Ensuite, relaxez-vous à l'intérieur

(dans une grande salle baignée de lumière) ou à l'extérieur dans un bain bouillonnant. Et, si après ça vous n'êtes toujours pas assez détendus, optez pour un massage : suédois, aux pierres chaudes, avec du gel de cacao ou de soya, etc. Des soins esthétiques (facial, manucure, pédicure, épilation) sont disponibles. Bref, nous vous garantissons un moment de pure détente, dans un cadre luxueux, pour un prix qui reste très raisonnable.

ACTIVITÉS D'ÉTÉ

RANDONNÉES ET VÉLO AU MONT-SAINTE-ANNE
2000, boul. Beau-Pré, Beaupré
418-827-4561 / 1 888-827-4579
www.mont-sainte-anne.com
En été, la montagne et ses environs font le bonheur des randonneurs grâce aux 32 km de sentiers, tous

Mont-Sainte-Anne © Jonathan Chodjaï

niveaux. Les adeptes de vélo de montagne auront une très grande variété de pistes à essayer. Elles sont très réputées à l'international. D'ailleurs, des épreuves de coupe du monde se tiennent régulièrement sur place.

CANYON SAINTE-ANNE

206, route 138 est, Beaupré

418 827 4057 | www.canyonste-anne.qc.ca

Ouvert : tous les jours de 9h à 16h30 (1er mai au 23 juin, fête du Travail à fin octobre), 9h à 17h30 (24 juin à la fête du Travail). Entrée : 11$, enfant de 13 à 17 ans : 8 CAN$, enfant de 6 à 12 ans : 5$. En s'échappant brusquement du bouclier canadien, la rivière Sainte-Anne, après une chute de 74 m de hauteur, se précipite en bouillonnant dans une étroite faille rocheuse dominée par des arbres centenaires. Vous y apprécierez le décor du haut de l'un des deux ponts suspendus qui jalonnent le parcours. Pendant la saison estivale, c'est un lieu idéal de randonnée et de pique-nique.

CANYONING-QUÉBEC

2000, Beaupré, Mont Sainte-Anne

418-998-3859 | www.canyoning-quebec.com

Juin-oct. Deux excursions par jour sont offertes, départ 9h et 14h, d'une durée de 3 à 4 heures. Adulte 89$, équipement compris, étudiants de 25 ans et moins 64$, tarifs de groupe disponible. La descente sur corde de cascades d'eau verticales est accessible en toute sécurité à partir de 10 ans. C'est une expérience à vivre seul ou en groupe. Tout nouveau : la sortie Grande Cascade. Les plus téméraires s'en donneront à cœur joie !

RÉSERVE NATIONALE DE FAUNE DU CAP TOURMENTE

570, ch. de Cap-Tourmente, Saint-Joachim

418-827-4591 | www.captourmente.com

Le Cap Tourmente domine la rive nord de 600 m de hauteur et regroupe des écosystèmes divers : une falaise, la forêt de conifères, la forêt de feuillus qui atteint ici sa limite nord, la prairie, la batture (plage marécageuse recouverte à marée haute, caractéristique des rives du Saint-Laurent) et enfin le fleuve qui s'élargit en estuaire. Durant l'été indien, le Cap Tourmente offre un spectacle unique : aux couleurs de l'automne s'ajoute la masse blanche de plus d'un million de grandes Oies des neiges qui y font étape au cours de leur migration vers le sud. Au printemps, il est aussi possible de les observer lors de leur trajectoire vers le nord.

DANS LES ENVIRONS DE QUÉBEC

Détente et plein air à Duchesnay

La station touristique de Duchesnay allie un hébergement de qualité avec une grande offre d'activités. C'est un endroit idéal pour passer quelques jours en amoureux, entre amis ou en famille.

STATION TOURISTIQUE DUCHESNAY

140, montée de l'Auberge,
Sainte-Catherine-de-la-Jacques-Cartier
418-875-2122 / 1 877 511-5885
www.sepaq.com/duchesnay

À la Station touristique Duchesnay, vous retrouverez divers forfaits disponibles, incluant ou non l'hébergement, les activités, les repas, etc. Le site est superbe : en bordure du lac Saint-Joseph, la grande forêt laurentienne y montre toute sa beauté. Au niveau de l'hébergement, la station touristique (48 chambres à l'auberge, 40 chambres en pavillon et 14 villas) est d'un très grand confort. Les chambres ont toutes une décoration contemporaine et sont bien équipées. En participant aux diverses activités, on est invité à découvrir un véritable patrimoine naturel. Les sentiers de randonnée écologique et pédestre sont nombreux. En hiver, il est possible de les emprunter en ski de fond. On peut aussi faire du patin et de la glissade. En été, les baignades, le canot, le kayak, le pédalo et le vélo sont vivement encouragés ! Enfin, au niveau de la gastronomie, nous vous invitons à découvrir le talent de Sébastien Rivard, le chef du Bistro-bar Le Quatre-Temps. Les gibiers, poissons et grillades y sont apprêtés avec beaucoup de style.

ACTIVITÉS

SPA TYST TRADGARD

35 Chemin de la Détente
418-875-1645 | www.tysttradgard.com

Ce spa propose une expérience « sensorielle » dans des pavillons très originaux. L'un est inspiré de l'Égypte, l'autre de l'Afrique. Optez pour un forfait « aventure » qui vous relaxera, grâce à son massage, l'accès aux bains nordiques et différentes activités.

HÔTEL DE GLACE

75, Montée de l'Auberge, Pavillon Ukiuk
Station touristique Duchesnay
Sainte-Catherine-de-la-Jacques-Cartier
418-875-4522 / 1-877-505-0423
www.icehotel-canada.com

Ouvert du 4 janvier au 4 avril 2010. Ce majestueux complexe de glace et de neige voit le jour en janvier et disparaît sous le soleil du printemps chaque année. Il s'agit d'une structure exceptionnelle de 3000 m^2 fabriquée de 12 000 tonnes de neige et de 400 tonnes de glace. Les murs sont dotés d'œuvres d'art, le mobilier, le lustre qui domine le hall, les colonnes et les sculptures sont façonnées à même la glace. Le chaud et le froid se mélangent, vos sens sont en éveil... une expérience hors du commun !

Les pieds dans le sable au lac Saint-Jean

Véritable mer intérieure, le lac Saint-Jean offre 210 km de rives et des grands espaces à faire rêver. Des plages, il y en a : plus de 42 km ! La région d'Alma est d'ailleurs un excellent pied-à-terre pour une escapade de farniente alliée aux plaisirs du nautisme.

HÉBERGEMENT

AUBERGE DES ÎLES

250, rang des Îles, Saint-Gédéon
418-345-2589 / 1 800-680-2589
www.aubergedesiles.com

À partir de 75$ la chambre en basse saison, et de 90$ en haute saison. 32 chambres dans l'édifice principal (standard, supérieure et suite), 16 chambres dans le pavillon secondaire (été), un chalet (été). Forfaits disponibles. Aux abords de la Véloroute des bleuets, l'Auberge des Iles déploie ses charmes dans un décor de rêve, avec le lac Saint-Jean à ses pieds. Sur place, tout est fait pour passer un séjour parfait : une vue imprenable sur le lac depuis la plupart de leurs chambres, une jolie plage ultra-tranquille, et une multitude d'activités estivale (tennis, pêche, canot, kayak, baignade, vélo, etc.). Le restaurant de l'auberge propose une fine cuisine du terroir et sa terrasse est l'endroit de rêve pour un souper au coucher de soleil.

COMPLEXE TOURISTIQUE DAM-EN-TERRE

1385, chemin de la Marina, Alma
418-668-3016/1 888-289-3016
www.damenterre.qc.ca

Ouvert à l'année. Hébergement en chalet, en condo, en suite-condo et en camping. Les contacter directement ou visitez leur site Internet pour connaître la gamme des tarifs. À 6 km du centre-ville d'Alma, sur la Véloroute des Bleuets. Forfaits disponibles. Le complexe touristique Dam-en-Terre, sauvage et boisé, offre hébergement et un large choix d'activités. 200 emplacements de camping aménagés (tente, tente roulotte, caravane motorisée), location d'appartements équipés (2 à 6 personnes), location de chalets équipés (2 personnes). Piscine, tour d'escalade, plage aménagée pour la baignade, location de canot, kayak, pédalo, vélo, sentiers pédestres et marina. Croisière sur le lac Saint-Jean à bord du MV La Tournée. Restaurant, théâtre.

RESTAURANT

TACOS Y SALSA

142, de la Plage, Saint-Gédéon
418-720-7257 | www.tacosysalsa.com

Ouvert en saison estivale uniquement. Menu à la carte : 3-20. Service de traiteur. Que diriez-vous de poursuivre la soirée, après une longue journée de farniente, dans une ambiance des plus tropicales ? À quelques pas de la plage se trouve se tout nouveau et très coloré restaurant mexicain, Tacos y Salsa. Au menu : enchilada, quesadilla, ceviche, tostada et tacos, bien entendu, mais également des grillades, salades et

escargots gratinés, à accompagner d'une Corona ou d'une Dos Equis bien fraîche ! Côté musical, la salsa est reine des lieux. Pour peu, vous vous croiriez franchement au Mexique ! Que demander de plus pour conclure une belle journée d'été ?

SORTIR

MICROBRASSERIE DU LAC-SAINT-JEAN
120, de la Plage, Saint-Gédéon
418-345-8758 | www.microdulac.com
Juin à mi-septembre : lun-mer, 11h30-minuit ; jeu-sam, 11h30-2h ; dim, 10h-minuit. Octobre à mai : jeu-sam, 11h30-1h ; dim, 10h-21h, fermé lun-mer. Aux abords de la Véloroute des bleuets, à quelques pas de la plage, un arrêt s'impose pour les bièrophiles et ceux cherchant à se désaltérer par une chaude journée d'été. Et pourquoi ne pas accompagner votre dégustation

d'assiettes du terroir comme la Route aux 3 fromages (assiette de fromages du Lac St-Jean) ou la Charcuterie Et-cetera (terrine de sanglier, cerf rouge fumé, prosciutto, confit d'oignons, cheddar, olives, canneberges et craquelins). Spectacles de groupes musicaux locaux, événements saveurs...

ACTIVITÉS

ÉQUINOX
1385, chemin de la Marina
(complexe touristique Dam-en-Terre à Alma)
418-480-7226 – 1 888-668-7381
Aussi : auberge des Îles à Saint-Gédéon
418-345-2589 | www.equinoxaventure.ca
Équinox vous propose la location d'équipements de plein-air tels que vélo, kayak de mer, rabaska (grande embarcation), canot et pédalo. Le matériel de sécurité est inclus dans la location. Des excursions guidées en

© Tourisme Alma Lac-Saint-Jean,
Charles-David Robitaille

sports nautiques (kitesurf, longboard, kayak, canot), pour suivre des cours de kitesurf, pour casser la croute sur la grande terrasse du bistro, ou pour assister à un des spectacles en soirée.

ACCÈS AUX PLAGES PUBLIQUES AUX ABORDS DU LAC SAINT-JEAN

CAMPING PLAGE BELLEY
100, chemin Belley, Saint-Henri-de-Taillon
418-347-3612

CAMPING PLAGE BLANCHET
121, route 169, Desbiens
418-346-5436

CAMPING PLAGE COLONIE NOTRE-DAME
700, chemin de la Baie Moïse, Alma
418-662-9113 / 418-668-4285

CAMPING PLAGE MUNICIPALE DE SAINT-GÉDÉON
8, chemin de la Plage, Saint-Gédéon
418-345-8774

CAMPING PLAGE VILLA DES SABLES
Route 170 Est, 600, 10e chemin,
Metabetchouan-Lac-à-la-Croix
418-345-2655 / 418-345-3422

PARC NATIONAL DE LA POINTE TAILLON
835, rang 3 Ouest, Saint-Henri-de-Taillon
418-347-5371

PLAGE LE RIGOLET
18, rue Saint-André,
Metabetchouan-Lac-à-la-Croix
418-349-3696

PLAGE LES AMICAUX
95, chemin Belley, Saint-Henri-de-Taillon
418-347-3905 / 418347-1414

kayak de mer, en vélo et en rabaska l'été sont offertes sur le lac et à travers les îles à des prix très compétitifs.

H$_2$O EXPÉDITION
125, du Quai, Desbiens
418-346-7238 – 1 866-697-7328
www.aventure-expedition.com
En service de fin mai à fin octobre. Activité à partir de 50$ par adulte. Organisme spécialisé en écotourisme et en descente de rivière : rafting, canot-camping, kayak et hydrospeed pour tous les niveaux. Des activités d'une durée de 3h à 7 jours avec des guides expérimentés sur les rivières Métabetchouane, Ashuapmushuan, Mistassini et Batiscan (expéditions de 2 à 7 jours pour les groupes de 4 personnes et plus seulement).

COOPÉRATIVE O'SOLEIL
505, 5e Chemin, Métabetchouan
418-345-8080 | www.osoleil.ca
Ouvert de mi-mai à mi-septembre. Tarifs selon l'activité choisie. Forfaits disponibles. En bordure du lac, la Coopérative O'Soleil est l'endroit idéal pour la pratique de

La Route campagne et fromagers

La Route campagne et fromagers vous promet délices et découvertes. Cette promesse, elle la tient en vous faisant parcourir les plus belles campagnes du Saguenay-Lac-Saint-Jean, tout en vous mettant en contact avec ses merveilleux artisans et les délicieux produits qu'ils fabriquent. Elle trace un parcours qui fait le tour du lac Saint-Jean. Plus d'une vingtaine de producteurs sont prêts à vous accueillir et à partager leur passion pour le terroir et leur région.

Vous visiterez différentes adresses qui vous feront apprendre tous les rudiments du métier de fromager. Partez à la découverte des fromages de lait de vache, de chèvre, de brebis, ceux à pâte molle ou demi-ferme, les fromages persillés, cendrés, au lait cru et pasteurisé… N'oubliez pas de passer par la Fromagerie Perron qui est reconnue sur la scène internationale. La Fromagerie Médard, la Fromagerie Saint-Laurent, Le Fin Berger, la Fromagerie Lehmann et la Fromagerie L'Autre Versant sont d'autres haltes qui vous feront découvrir des fromages savoureux qui se distinguent tous par leur saveur, leur méthode de fabrication et le lait qu'on a pris pour les fabriquer.

Les dégustations sont évidemment de mise, mais la plupart des adresses vous offrent aussi de visiter leurs installations, leurs fermes. La route est également bordée de sites qui vous en apprendront davantage sur la vie dans cette région. Le Centre d'interprétation de l'agriculture et de la ruralité vous présentera toute la richesse du patrimoine agricole du Saguenay-Lac-Saint-Jean, dégustations, expositions et labyrinthe végétal à l'appui. La Bergerie La Terre Promise, centre d'interprétation de la production d'agneaux et de moutons, vous donnera une panoplie d'informations intéressantes sur ces animaux. Diane Gilbert vous offre des visites guidées de son site la Ferme Benoît et Diane Gilbert, aux abords du lac Saint-Jean, pour rencontrer les animaux que les enfants pourront nourrir. Enfin, le Musée du fromage cheddar est localisé dans une vieille fromagerie construite en 1895, la seule du genre au Québec. Ici, des guides-interprètes vous feront découvrir une journée dans la peau d'un fromager d'autrefois. Tout cela par le biais d'instruments ancestraux qui servaient à fabriquer le fromage et de… dégustations.

Afin de mieux profiter de votre séjour dans la région, la Route campagne et fromagers vous propose de bonnes tables où vous pourrez déguster les fromages de la région, mais aussi la cuisine régionale en général, des boutiques remplies de produits régionaux et des sites d'hébergement champêtres où vous pourrez vous ressourcer et profiter de ce que la région a de mieux à vous offrir.

Recueillement et histoire à Lac-Bouchette

L'Ermitage Saint-Antoine est un endroit merveilleux pour se reposer et se recueillir. Si vous y faites un tour, profitez-en pour découvrir le village historique de Val-Jalbert.

ERMITAGE SAINT-ANTOINE DE LAC-BOUCHETTE

250, route de l'Ermitage, Lac-Bouchette

418-348-6344

Sans fais : 1 800-868-6344

www.st-antoine.org

Pour une visite des lieux, les contacter pour les horaires des célébrations, des messes, du musée et du théâtre d'été. Ateliers, retraites, conférences et soirées d'animation organisés. Hébergement de 60 lits à partir de 47,30 $ en occupation simple, 26,91 $ par personne en double. Terrains de camping.

L'Ermitage Saint-Antoine est un oasis de paix, de calme et de silence pour l'individu, le couple ou la famille qui souhaite vivre pleinement le bonheur de se retrouver et de se redécouvrir. Monastère, chapelles, musée, hôtellerie, chalets et terrains de camping sont érigés en bordure du lac Ouiatchouan, à même une forêt que parcourent des sentiers aménagés. L'hôtel qui s'y rattache vous offre un service d'hébergement de 60 chambres confortables classées 3 étoiles, réparties en trois pavillons, dont certaines unités donnent sur le lac. La salle à manger de 270 places propose quotidiennement un choix de plusieurs menus à savourer en tout confort dans un lieu climatisé (1/2 prix pour enfant) incluant un service de bar. Plusieurs forfaits au choix :

« Le temps d'une pause » à partir de 76 $ en occupation double, incluant 2 nuits, 2 soupers, 2 déjeuners.

« Le Pèlerin » à partir de 87 $ en occupation Double, incluant 5 repas et 2 nuits.

« Écoute ton silence » à partir de 135 $ en occupation double, incluant 8 repas et 3 nuits.

ACTIVITÉS

CENTRE VACANCES NATURE DE LAC-BOUCHETTE

160, chemin de la Montagne, Lac-Bouchette

418-348-6832 | www.centrevacancesnature.com

7 chalets équipés, d'une capacité de 4 à 6 personnes chacun : 65 $ et 75 $. Sites de camping et tentes prospecteur. Centre de vacances, idéal pour les familles : location d'emplacement de camping et de chalets, location d'équipement de plein air, service de cafétéria avec bar et une multitude d'activités sur place (sentiers pédestres, hébertisme, mur d'escalade, volleyball, rabaska, canot, baignade, etc.).

VILLAGE HISTORIQUE DE VAL-JALBERT

95, Saint-Georges, Chambord

418-275-3132 / 1 888-675-3132

www.sepaq.com/ct/val/fr/

Route 169 Nord en direction de Roberval, après la municipalité de Chambord. En mai : le week-end seulement. *De juin à octobre : ouvert tous les jours. En octobre : sur réservation. Adulte : 20-22, 6-13 ans : 10-11, moins de 6 ans : gratuit.* Construite en 1901, la pulperie de Val-Jalbert, reprise par Alfred Dubuc, produisait chaque jour 50 tonnes de pâte à papier mécanique exportées ensuite vers les États-Unis et l'Europe. L'usine faisait vivre un village modèle de 950 personnes, doté de l'électricité et du chauffage, avant d'être à son tour victime de la grande crise et contrainte de fermer ses portes en 1927. Tributaire de l'usine, la population dut quitter les lieux. Pendant près de 60 ans, les maisons qui avaient abrité les familles des ouvriers sont restées à l'abandon, tel un village fantôme. Elles sont à présent restaurées et animées d'habitants en costumes d'époque. Vous

pouvez visiter le moulin désaffecté, le couvent et le magasin général. Il faut aussi monter au belvédère, par un escalier de 752 marches, et aller voir l'impressionnante chute Ouiatchouan. Haute de plus de 70 m, elle assurait le bon fonctionnement de l'usine.

Aujourd'hui, un téléphérique permet de survoler le site. Un trolley bus dessert le village et en fait le tour. C'est un vrai dépaysement que cette remontée dans le temps, un rien nostalgique. De surcroît, le site est vraiment superbe. Sur place, restauration, camping, quelques chambres dans les maisons rénovées et un petit hôtel au-dessus du magasin général pour recevoir ceux que l'endroit inspire.

© Ermitage Saint-Antoine de Lac-Bouchette

Parcourir la ville de Saguenay à partir de l'Auberge des 21

Capitale administrative de la région, la ville de Saguenay se compose de trois arrondissements : Chicoutimi, Jonquière et La Baie. Nous vous invitons à découvrir les charmes de cette ville très étendue.

ARRONDISSEMENT DE LA BAIE

Cette ville industrielle active (centre de transformation du bois, aluminerie) possède d'importantes installations portuaires destinées à accueillir les grands cargos en provenance d'Amérique du Sud lui apportant la bauxite nécessaire à ses alumineries. La Baie est aussi le berceau historique du Saguenay-Lac-Saint-Jean. En 1838, les membres de la société des Vingt-et-Un s'y sont installés pour coloniser la région après avoir jeté l'ancre.

HÉBERGEMENT

AUBERGE DES 21
621, rue Mars
418-697-2121 / 1 800-363-7298
www.aubergedes21.com

Occupation double : à partir de 106$ par personne, souper table d'hôte et petit déjeuner inclus. 31 chambres. Petit-déjeuner inclus. Forfaits disponibles. Sur les rives du fjord du Saguenay, l'Auberge des 21 vous accueille chaleureusement. Chambres douillettes au décor intimiste et romantique. Fine cuisine régionale, sélection de grands vins. Piscine, sauna, centre de santé. Activités : vélo, équitation, pêche blanche, motoneige, balade en traîneau à chiens, ski de fond, etc.

À VOIR

LES AVENTURES D'UN FLO
Représentation au Théâtre du Palais municipal
1831, 6e Avenue
418-698-3333 / 1 888-873-3333
www.palaismunicipal.com

Spectacle estival. Adulte : 47,50$-49,50$, enfants : 22,50$-24,50$. Forfaits avec hébergement et repas disponibles. Depuis 20 ans, ce spectacle grandiose rassemble des milliers de spectateurs venus découvrir l'histoire du Saguenay-Lac-Saint-Jean, de sa fondation en 1603 à nos jours. Aujourd'hui, ce nouveau spectacle tout aussi majestueux raconte l'histoire d'amour entre Florian et une jeune amérindienne et leurs péripéties à travers les époques. Un magnifique hommage à la région et une très bonne soirée en perspective.

ARRONDISSEMENT DE CHICOUTIMI

En raison de sa situation au cœur d'une région où les rivières et les

SaguenayLacSaintJean. C'est géant!

lacs constituent un réseau étendu de circulation, Chicoutimi a été un important poste de traite des fourrures dès 1676, avant de devenir le centre d'une industrie forestière lorsque la première scierie fut construite en 1842 par Peter MacLeod, au pied des chutes de la Rivière du Moulin. La ville offre un beau panorama sur les falaises creusées par le Saguenay, à découvrir en traversant la Rivière Saguenay sur le pont Dubuc.

VISITER

PULPERIE DE CHICOUTIMI

300, Dubuc
418-698-3100 / 1 877-998-3100
www.pulperie.com

Horaire d'été : lun-dim, 9h-18h (dernière entrée à 17h). Début septembre à fin juin : mer-dim, 10h-16h. Durée moyenne de la visite : 3h. C'est sur ce site impressionnant, près de la chute de la Rivière Chicoutimi, qu'a été implanté le premier complexe industriel de pulpe de bois mécanique, fondé par un Canadien français, Alfred Dubuc. Fermé en 1930, sauvé de la démolition en 1978, le bâtiment est aujourd'hui un site historique national mais, également, le Musée régional du Saguenay-Lac-Saint-Jean avec une collection de plus de 26 000 objets, artefacts et œuvres. L'exposition permanente est un incontournable.

ARRONDISSEMENT DE JONQUIÈRE

Situé tout à côté, à l'est de Chicoutimi, l'arrondissement de Jonquière est la ville qui brasse des affaires (on dit aussi « la ville pas reposante »). Elle est surtout connue pour ses usines Alcan (dont la centrale hydroélectrique de Shipshaw) et Abitibi-Consolidated, chef de file mondial dans les secteurs du papier journal et des papiers de pâte mécanique.

CENTRE D'HISTOIRE SIR-WILLIAM-PRICE

1994, Price
418-695-7278
www.sirwilliamprice.com

Du 24 juin à la Fête du Travail : lun-dim, 9h-17h. Hors saison : lun-dim, 9h-16h (sur réservation). Adulte : 6 s, étudiant et aîné : 5 s, moins de 10 ans : gratuit. Possibilité de combiner le musée avec une visite à l'Usine Abitibi-Bowater (sur réservation). Situé dans les murs d'une chapelle de 1912, le Centre d'histoire Sir-William-Price évoque le développement industriel de la région, notamment l'histoire de l'industrie du papier. William Price fut pionnier en la matière et membre d'une des grandes dynasties d'affaires du Québec.

Le tour du fjord du Saguenay

Le fjord du Saguenay, un des plus longs de la planète, est une vallée glaciaire formée il y a des milliers d'années. Voici quelques-unes de nos adresses préférées sur cette route magnifique.

SAINTE-ROSE-DU-NORD

C'est incontestablement le plus beau et le plus pittoresque village du Saguenay.

HÉBERGEMENT

DOMAINE DU CAP AU LESTE

551, chemin de Cap à l'Est
418-675-2000/1271 (le soir) - 1 866-675-2007
www.capauleste.com

Occupation simple : 104-192, double : 77-142 (par pers.). 5 chalets (de 6 à 10 chambres). Repas du matin et soir inclus. Possibilité d'avoir le repas du midi hors saison estivale. Promotions et forfaits offerts en toute saison. Le domaine du Cap au Leste est un lieu de séjour idéal pour les passionnés de la nature. Situé au cœur de celle-ci, surplombant le fjord du Saguenay, le site invite à la détente et à la découverte. L'hébergement se fait dans de magnifiques chalets construits dans la plus pure tradition québécoise.

À FAIRE

CROISIÈRES DU FJORD

Quai de Sainte-Rose-du-Nord
418-543-7630 – 1 800-363-7248
www.croisieresdufjord.com

Croisière à destination de l'Anse-Saint-Jean : en juin et septembre, départ à 11h15. Croisière à destination de Baie-Éternité : début juillet à mi-août, départs à 10h15 et 13h15; mi à fin août, départ à 13h15. Durée : 2h45. Adulte : 45$, 14 ans et moins : 23$, 5 ans et moins : gratuit, famille (2 adultes et 2 enfants) : 113$.

SAINT-FÉLIX-D'OTIS

VISITER

SITE DE LA NOUVELLE-FRANCE

370, Vieux Chemin
418-544-8027 / 1 888-666-8027
www.sitenouvellefrance.com

Visites commentées de juin à fin août. Départs à chaque 30 minutes pour la visite commentée, entre 9h15 et 16h30. Adulte : 15$, aîné : 14$, enfant : 7$, 5 ans et moins : gratuit, famille : 40$. Forfaits disponibles. Un fascinant voyage dans le temps qui vous transporte au XVIIe siècle en Nouvelle-France ! Tout a été mis en œuvre pour vous faire revivre un passé authentique : habitants en costumes d'époque, bâtiments minutieusement reconstitués dans un paysage fidèle aux descriptions. Que ce soit dans un village huron, dans la ferme des Cent associés ou dans la Basse Ville de Québec, vous serez accueillis par des acteurs talentueux qui feront de vous des personnages de l'époque de la Nouvelle-France. Un spectacle équestre de grande qualité relate l'histoire du cheval canadien, une race exceptionnelle.

SaguenayLacSaintJean. **C'est géant!**

Fjord © Alain Dumas

RIVIÈRE-ÉTERNITÉ

Rivière-Éternité est la principale porte d'entrée du Parc national du Saguenay. C'est ici que le fjord est le plus profond (276 m).

PARC NATIONAL DU SAGUENAY

91, Notre-Dame | 418-272-1556
Réservations Sépaq 1 800-665-6527
www.sepaq.com/pq/sag/fr/

Accès quotidien adulte : 3,50 $, enfant : 1,50 $, 5 ans et moins : gratuit. Tarifs disponibles. Le Parc national du Saguenay s'étend sur les deux rives du fjord et se divise en trois secteurs : Baie-Éternité (ouvert à l'année, sentiers fermés de mi-novembre à mi-décembre et en avril), Baie-Sainte-Marguerite (mi-mai à fin octobre) et Baie-de-Tadoussac (mi-mai à début octobre).

Hébergement : 1 terrain de camping offrant des sites aménagés avec ou sans service, 6 terrains offrant des sites rustiques, ainsi que 10 chalets et 5 refuges. Nouveauté : deux formules de prêt-à-camper (tente-roulotte et tente Huttopia).

Activités : croisière sur le fjord, excursion d'initiation à la voile, excursion guidée en kayak de mer et Zodiac, kayak-camping, pêche à la truite mouchetée ou à l'omble de fontaine anadrome (permis de pêche du Québec et droits d'accès obligatoires), randonnée pédestre, pêche blanche, ski nordique et randonnée en raquettes (sentiers balisés, non tracés) avec nuit en refuge (attention aux conditions climatiques très variables).

L'ANSE-SAINT-JEAN

L'Anse-Saint-Jean, offrant une magnifique ouverture sur le fjord du Saguenay, fait partie de l'Association des plus beaux villages du Québec. Vous retrouverez l'âme des maisons ancestrales et le grand pont couvert, appelé le pont du Faubourg et jumelé avec le pont couvert de Florac, en France.

Camper sans tracas dans les parcs nationaux du Québec

Vous souhaitez camper dans un des parcs nationaux gérés par la Sépaq sans avoir à vous préoccuper de déplacer et d'installer la tente ? Désormais, vous pouvez tout louer sur place. Vous avez le choix entre la tente-roulotte et la tente Huttopia (de mai à l'Action de grâces mais les dates varient selon les parcs).

TENTE-ROULOTTE

À partir de 91$* la nuit, comprenant l'emplacement et l'hébergement pour 6 pers. (max. de 4 adultes). L'intérieur de la roulotte est confortablement aménagé et meublé. Un petit radiateur électrique ou au gaz est disponible en cas de besoin. Vous trouverez aussi sur place un petit réfrigérateur, de la vaisselle et tout le nécessaire à la préparation de vos repas. À l'extérieur se trouve un réchaud, sous un petit auvent, et une table à pique-nique avec chaises de jardin.

TENTE HUTTOPIA

À partir de 102$* la nuit, comprenant l'emplacement et l'hébergement pour 5 pers. (max. de 4 adultes). La grande tente sera montée et équipée lors de votre arrivée. À l'intérieur, l'espace est divisé de façon à créer deux chambres et une cuisinette. Comme dans la roulotte, vous aurez un petit radiateur à l'intérieur et de quoi préparer et savourer un repas à l'extérieur.

* Tarif de base pour 2 adultes et les enfants de moins de 18 ans (5,25$ par adulte supplémentaire). Taxes et tarifs d'accès en sus.

LISTE DES PARCS NATIONAUX OFFRANT CES PRÊTS-À-CAMPER :

+ Parc national d'Aiguebelle
+ Parc national du Bic
+ Parc national de Frontenac
+ Parc national de la Gaspésie
+ Parc national des Grands-Jardins
+ Parc national des Hautes-Gorges-de-la-Rivière-Malbaie
+ Parc national de la Jacques-Cartier
+ Parc national du Mont-Orford
+ Parc national du Mont-Tremblant
+ Parc national d'Oka
+ Parc national de Plaisance
+ Parc national de la Pointe-Taillon
+ Parc national du Saguenay
+ Parc national de la Yamaska

Et pour ceux d'entre vous qui aiment davantage dormir sous la couette confortable d'un grand lit Queen, la Sépaq gère également plusieurs établissements de plein air à travers la province. Le grand confort, tous les services, et une nature généreuse… que demander de plus !

Tente Huttopia © Audrey Viviers, Sepaq

Tente Huttopia © Mathieu Dupuis, Sepaq

Tente roulotte © Mathieu Dupuis, Sepaq

Parc de la Chute Montmorency
© *Yves Marcoux*